职业教育殡葬相关专业系列教材

BINZANG XINLI

殡 葬 心 理

马　荣　　王立军　　主编
　　　　　王宏阶　　主审

化学工业出版社

·北京·

内容简介

本书遵循殡葬行业发展趋势以及职业教育改革要求，在介绍殡葬心理理论的基础上，着重讲解了人们在殡葬活动中的心理特点，主要包括社会群体、治丧群体和殡葬从业人员的殡葬心理以及殡葬消费心理，以理论与实践相结合的形式论述了常用的心理辅导技术，提升了本书的实用性。同时，突破性地加入了殡葬心理与文化传承的内容，通过对家祭、族祭、公祭内容的分析和讲解，引导学生理解我国悠久的传统文化、家族传承以及家国情怀之间的关系，激发学生深入思考殡葬心理所带来的文化传承的意义，充实了殡葬心理教学的内容，强化了课程思政元素。书中各章配有课件，可扫描章首页二维码查看。

本书适用于高职和中职院校殡葬专业相关课程的教学，亦可供行业内人士进行职业培训使用。

图书在版编目（CIP）数据

殡葬心理/马荣，王立军主编. —北京：化学工业出版社，2023.2（2025.1重印）
职业教育殡葬相关专业系列教材
ISBN 978-7-122-42685-7

Ⅰ.①殡⋯ Ⅱ.①马⋯ ②王⋯ Ⅲ.①葬礼-服务业-中国-职业教育-教材 Ⅳ.①D632.9

中国版本图书馆 CIP 数据核字（2022）第 258723 号

责任编辑：张 阳 刘 哲 李植峰　　　　　　　　文字编辑：谢晓馨　陈小滔
责任校对：宋 玮　　　　　　　　　　　　　　　装帧设计：王晓宇

出版发行：化学工业出版社（北京市东城区青年湖南街13号　邮政编码100011）
印　　装：河北延风印务有限公司
787mm×1092mm　1/16　印张11½　字数182千字　2025年1月北京第1版第3次印刷

购书咨询：010-64518888　　　　　　　　　　　售后服务：010-64518899
网　　址：http://www.cip.com.cn
凡购买本书，如有缺损质量问题，本社销售中心负责调换。

定　价：39.80元　　　　　　　　　　　　　　　　　　　　　　版权所有　违者必究

职业教育殡葬相关专业系列教材

编撰委员会

主　　任：邹文开

副 主 任：何振锋　孙树仁　孙智勇　马　荣　卢　军　张丽丽

委　　员：（按照姓名汉语拼音顺序排列）

毕爱胜	樊晓红	郭海燕	何秀琴	何振锋	胡　玲
黄汉卿	姜　笑	林福同	刘　凯	刘　琳	卢　军
吕良武	马　荣	牛伟静	亓　娜	沈宏格	孙树仁
孙智勇	王　静	王立军	魏　童	邬亦波	肖成龙
徐　莉	徐晓玲	余　廷	翟媛媛	张丽丽	赵志国
郑佳鑫	郑翔宇	钟　俊	周卫华	周晓光	朱文英
朱小红	邹文开				

职业教育殡葬相关专业系列教材

审定委员会

主　任：赵红岗

副主任：何振锋　孙树仁　肖成龙　孙智勇　朱金龙

委　员：（按照姓名汉语拼音顺序排列）

　　　　曹丽娟　何仁富　何振锋　刘　哲　齐晨晖　孙树仁

　　　　孙智勇　王　刚　王宏阶　王艳华　肖成龙　杨宝祥

　　　　杨德慧　杨根来　赵红岗　朱金龙

《殡葬心理》

编审人员

主　　编：马　荣　王立军
副 主 编：樊晓红　杨　涛
编写人员：（按照姓名汉语拼音顺序排列）
　　　　　蔡　畅（黑龙江民政职业技术学校）
　　　　　樊晓红（黑龙江民政职业技术学校）
　　　　　马　荣（黑龙江民政职业技术学校）
　　　　　孙宇迪（黑龙江民政职业技术学校）
　　　　　王立军（哈尔滨市殡葬事务服务中心）
　　　　　杨　涛（北京社会管理职业学院）
　　　　　张　博（黑龙江民政职业技术学校）
主　　审：王宏阶（中国殡葬协会）

序 一

殡葬服务是基本民生保障工程。随着经济社会的快速发展，人民对美好生活的需求日益提升，百姓对殡葬服务水平和质量提出了更高的要求。让逝者安息，给生者慰藉，为服务对象提供人文化、个性化服务亟须提上议事日程。当前，我国每年死亡人口上千万。截至2021年底，全国共有殡葬服务机构4373个，殡葬服务机构职工8.7万人。殡葬从业人员的数量和素质势必影响殡葬服务的水平和质量。人民群众对殡葬服务日益高质量、多样化、个性化的需求，给殡葬从业人员提出了更高的要求和期待。

党的十九大报告指出的"完善职业教育和培训体系，深化产教融合、校企合作"，为新时代职业教育发展明确了思路。2019年1月，国务院印发了《国家职业教育改革实施方案》，把职业教育摆在教育改革创新和经济社会发展全局来进行谋划，提出"职业教育与普通教育是两种不同教育类型，具有同等重要地位"。由此开启了职业教育改革发展的新征程，提出了深化职业教育改革的路线图、时间表、任务书。方案中尤其提出"建设一大批校企'双元'合作开发的国家规划教材，倡导使用新型活页式、工作手册式教材并配套开发信息化资源"，更为殡葬相关专业系列教材编写工作指明了方向。党的二十大报告指出，"统筹职业教育、高等教育、继续教育协同创新，推进职普融通、产教融合、科教融汇，优化职业教育类型定位"。

从殡葬教育发展现状来看，我国现代殡葬教育从无到有，走过了二十多年的发展历程。全国现有近十所院校开设现代殡葬技术与管理及相关专业，累计为殡葬行业培养了上万名专业人才，在殡葬服务水平提升和殡葬服务事业发展方面起到了关键作用。殡葬教育取得成绩的同时，也存在诸多问题，如全国设置殡葬相关专业的院校，每年毕业的学生仅千余名；又如尚未有一套专门面向职业院校学生的教材，不能满足新时代殡葬事业发展的需要，严重制约了殡葬教育的发展和殡葬相关专业人才的培养。

在这样的背景下，北京社会管理职业学院生命文化学院、现代殡葬技术与管理专业教学指导委员会启动了系列教材编写工作，旨在服务于全国各职业院校殡葬相关专业的教学需要和行业从业人员的培训需求。教材编写集结了院校教师、行业技能大师、一线技术能手以及全国近四十家殡葬企事业单位。多元力量的参与，有效保障了系列教材在理论夯实的同时保证案例丰富、场景真实，使得教材更加贴近生产实践，具有更强的生命力。将系列教材分为三批次出版，有效保障了出版时间的同时深耕细作、与时俱进，使得教材更加紧跟时代发展，具有更强的发展性。本套教材是现代殡葬教育创办以来首套专门为职业院校学生和一线从业人员编写的校企一体化教材。它的编写回应了行业发展的需要以及国家对职业教育发展的定位，满足了殡葬相关专业职业教育的实践需求，必将有效提升殡葬人才的专业素质、服务技能以及学历水平，对更新和规范适应发展的专业教学内容、完善和构建科学创新的专业教学体系、提高教育教学质量、深化教育教学改革起到强有力的促进作用，也将推动殡葬行业的发展，更好地服务民生。

在这里要向为系列教材编写贡献力量的组织者和参与者表示敬意和感谢。感谢秦皇岛海涛万福环保设备股份有限公司、石家庄古中山陵园、天津老美华鞋业服饰有限责任公司等几家单位，积极承担社会责任，资助教材出版。

希望本系列教材能够真正成为殡葬职业教育的一把利器，推进殡葬职业导向的教育向更专业、更优质发展，为培养更多理论扎实、技艺精湛的一线高素质技术技能人才做出积极贡献，促进殡葬教育和殡葬行业健康快速发展。

全国民政职业教育教学指导委员会副主任委员
北京社会管理职业学院党委书记
邹文开

序 二

生死是宇宙间所有生命体的自然规律。殡葬作为人类特有的文明形式，既蕴含着人文关怀、伦理思想，又依托于先进技术与现代手段。我国的现代殡葬技术与管理专业自20世纪90年代创立，历经20多年的发展，已培养上万名殡葬专业人才，大大推进了我国殡葬事业的文明健康发展。然而，面对每年死亡人口上千万、治丧亲属上亿人的现实，全国殡葬专业每年的培养规模仅千余名，殡葬专业人才供给侧与需求侧结构性矛盾突出。要解决这一矛盾，就必须不断提升人才培养的能力，切实加强推进殡葬专业建设。

格林伍德在《专业的属性》一书中指出，专业应该具有的特征包括"有一套系统的理论体系；具有专业权威性；从业者有高度认同的价值观；被社会广泛认可；职业内部有伦理守则"。这样看来，殡葬教育要在职业教育层面成为一个专业，教材这个"空白"必须填补。目前，我国尚没有一套专门面向职业院校的殡葬专业教材。在教学实践中，有的科目开设了课程但没有教材，有的科目有教材但内容陈旧，严重与实践相脱离。目前主要应用的基本是自编讲义，大都沿用理论课教材编写体系，缺少行业环境和前沿案例，不能适应实际教学需要。

加强教材建设、厘清理论体系、提升学历层次、密切产教融合，真正做实做强殡葬职业教育，培养更多更优秀的殡葬专业人才，以此来回应殡葬行业专业化、生态化高速优质发展的需要，以此来回应百姓对高质量、个性化、人文化殡葬服务的需求，这是教育工作者义不容辞的使命。"建设知识型、技能型、创新型劳动者大军""大规模开展职业技能培训，注重解决结构性就业矛盾"，党的十九大报告为职业教育发展指明方向。"职业教育与普通教育是两种不同教育类型，具有同等重要地位""建设一大批校企'双元'合作开发的国家规划教材"，《国家职业教育改革实施方案》为职业教育发展圈出重点。

"殡葬"不仅要成为专业，而且殡葬专业是关系百姓"生死大事"、关系国家文明发展的专业。我们要通过殡葬人才培养，传导保障民生的力量；要通过殡葬人才培养，传播生态文明的观念；要通过殡葬人才培养，弘扬传统文化的精神。而这些作用的发挥，应当扎扎实实地落实在教材的每一章每一节里，应当有的放矢地体现在教材的每一字每一句中。就是带着这样的使命与责任，就是怀着这样的情结与期待，现代殡葬技术与管理专业教学指导委员会启动了"职业教育殡葬相关专业系列教材"的编写工作，计划分三批次出版面向职业院校学生和一线从业人员的殡葬相关专业系列教材。教材编写集结了殡葬专业教师和来自一线的行业大师、技术能手，应用了视频、动画等多媒体技术，实行了以高校教师为第一主编、行业专家为第二主编的双主编制。2018年4月，在北京社会管理职业学院召开第一次系列教材编写研讨会议；2018年7月，在黑龙江民政职业技术学校召开第二次系列教材编写研讨会议；2018年10月，在北京社会管理职业学院召开第一次系列教材审定会议；2019年4月，在北京社会管理职业学院召开第二次系列教材审定会议；2019年12月，在北京社会管理职业学院召开第三次系列教材审定会议。2022年3月10日，由于疫情影响，以腾讯会议的方式召开系列教材推进研讨会，明确了教材最终出版的时间要求。踩住时间节点，强势推进工作，加强沟通协调，统一思想认识。我们在编写力量、技术、过程上尽可能地提高标准，旨在开发出一套理论水平高、实践环境真实、技能指导性强，"教师乐教、学生乐学、人人皆学、处处能学、时时可学"的教学与培训用书。殡葬系列教材编写一方面要符合殡葬职业特点、蕴含现代产业理念、顺应新时代需求、传承优秀传统文化，从而优化专业布局和层次结构；另一方面应体现"政治性""文化性""先进性""可读性"的原则，全面推进素质教育，弘扬社会主义核心价值观，培养德、智、体、美、劳全面发展的社会主义事业建设者和接班人。

希望系列教材的推出能够切实为职业教育殡葬专业师生及行业一线从业人员的学习研究、指导实践提供支持，为提高教育教学质量、规范教学内容提供抓手，为锻炼师资队伍、推动教育教学改革做出贡献，为发展产业市场、提升服务水平贡献人才。

在此特别感谢秦皇岛海涛万福环保设备股份有限公司、石家庄古中山陵园、天津老美华鞋业服饰有限责任公司三家单位，它们都是行业中的佼佼者。它们在积极自我建设、服务社会的同时，以战略的眼光、赤子的情怀关注和支持殡葬教育，为此次系列教材编写与出版提供资金支持。感谢化学工业出版社积极参与教材审定，推动出版工作，给予我们巨大的支持。

现代殡葬技术与管理专业教学指导委员会常务副主任委员
北京社会管理职业学院生命文化学院院长
何振锋

前言

当前，随着经济的发展和生活水平的提高，心理健康成为人们关注的热点问题。殡葬行业服务对象特殊，其服务对象的悲伤情绪极易引发各种心理问题，因而需要心理疏导；该行业属于经常直接接触带有悲伤等负面情绪社会群体的行业，从业人员自身也常年处于一种悲伤的氛围中，其心理健康成为需要重点处理的问题。因此，学习和掌握殡葬心理知识，并将之有效运用在实际工作中也变得越来越重要。本书的写作正逢广泛开展现代殡葬改革，推行"厚养薄葬"的丧葬观念，提倡生态、文明、节俭、科学办丧事的时代背景。本书以新时代社会群体、治丧群体、殡葬从业人员等不同群体面对死亡、治丧、人际沟通等情况时产生的心理问题、情绪障碍为立足点，结合案例分析，对不断变化发展的殡葬心理进行重新审视，力求在优秀心理学理论的基础上，采取先进、得当的心理辅导技术，深入挖掘族祭、公祭等丧葬活动的心理内涵，引导人们树立积极正向的死亡观、治丧观，真正做到传承文明，厚植家国情怀，以光明思维构建新时代中国特色社会主义殡葬观，为实现中华民族伟大复兴提供坚实的意识形态保障。

本书主编为马荣、王立军，副主编为樊晓红、杨涛，参加编写的人员有孙宇迪、蔡畅和张博。本书是在全国民政职业教育教学指导委员会现代殡葬技术与管理专业教学指导委员会的组织下进行编写的。主审王宏阶老师从社会公众和殡葬从业人员的殡葬心理的形成、变化以及推动其正向发展的逻辑，对本书进行了指导。同时本书得到了哈尔滨市殡葬管理所的大力支持，在此一并表示衷心的感谢！

本书编者因地域差异对殡葬行业掌握得不够全面，可能会和各位行业专业人员在观点上有所出入，内容若有不足之处，敬请专家和读者，特别是殡葬工作者批评指正。

编者

2022 年 5 月

目录 CONTENTS

第一章 绪论

第一节 殡葬心理概述 001
　一、殡葬心理的概念 001
　二、殡葬心理的研究对象 002
　三、殡葬心理学的性质 003
　四、殡葬心理的基本特点 004

第二节 殡葬心理的发展 005
　一、影响殡葬心理发展的因素 005
　二、中国殡葬心理的当代化发展 006

第三节 殡葬心理的研究 007
　一、殡葬心理的研究任务 007
　二、殡葬心理的研究方法 008
　三、殡葬心理的研究意义 010

小结 012
知识拓展 012
思考练习 012

第二章 殡葬心理的理论基础

第一节 精神分析学 013
　一、精神分析学理论 013
　二、精神分析学理论对殡葬心理的影响 016

第二节 生理学 017
　一、生理学理论 017
　二、生理学理论对殡葬心理的影响 019

第三节　需要层次 · 019
一、需要层次理论 · 019
二、需要层次理论对殡葬心理的影响 · 021

第四节　自我防御机制 · 021
一、自我防御机制理论 · 021
二、自我防御机制对殡葬心理的影响 · 024

小结 · 025
知识拓展 · 025
思考练习 · 026

第三章　社会群体的殡葬心理

第一节　社会群体的心理现象 · 027
一、个体心理 · 027
二、个体社会心理 · 028
三、个体社会心理现象与社会行为 · 029

第二节　社会群体常见的殡葬心理 · 030
一、社会群体常见的殡葬心理概述 · 030
二、社会群体常见的殡葬心理类型 · 031
三、社会群体常见殡葬心理产生的原因 · 034

第三节　社会群体异常的殡葬心理 · 035
一、异常殡葬心理的区分标准 · 035
二、异常殡葬心理类型和应对方法 · 035

第四节　殡葬活动中的禁忌心理 · 046
一、禁忌心理概述 · 046
二、禁忌的分类 · 047
三、禁忌心理的特点 · 047
四、禁忌心理产生的原因及影响 · 048
五、文明丧葬下禁忌文化的改变 · 049

小结 · 049
知识拓展 · 050
思考练习 · 050

第四章　治丧群体的殡葬心理

第一节　治丧群体 ······ 051
一、治丧群体概述 ······ 052
二、治丧群体的划分 ······ 052

第二节　治丧群体的殡葬心理 ······ 054
一、丧亲者的殡葬心理 ······ 054
二、亲属的殡葬心理 ······ 066
三、助丧者的殡葬心理 ······ 068

第三节　治丧群体的心理折射 ······ 071
一、治丧过程概述 ······ 071
二、各类丧葬仪式中治丧群体的心理折射 ······ 072
三、东西方治丧群体的心理异同 ······ 075

小结 ······ 076
知识拓展 ······ 076
思考练习 ······ 077

第五章　殡葬从业人员的殡葬心理

第一节　殡葬从业人员 ······ 079
一、殡葬从业人员概述 ······ 079
二、殡葬从业人员结构类型 ······ 080

第二节　殡葬从业人员心理健康状况 ······ 082
一、心理健康表现 ······ 082
二、殡葬从业人员心理概述 ······ 083
三、殡葬从业人员的积极心理表现 ······ 084
四、殡葬从业人员的消极心理表现 ······ 090
五、殡葬从业人员消极心理产生的原因 ······ 094

第三节　殡葬从业人员心理困境的应对 ······ 100
一、殡葬从业人员心理困境的不良影响 ······ 100
二、殡葬从业人员心理困境的应对方法 ······ 101

小结	105
知识拓展	105
思考练习	106

第六章　殡葬消费心理

第一节　殡葬消费心理概述	107
一、殡葬消费的特殊性	107
二、殡葬消费心理的概念	108
第二节　消费态度的形成因素	109
一、消费者的需要	109
二、消费者的知识、经验	109
三、社会文化与区域文化	110
四、消费者的群体组织	110
五、消费者的个性差异	110
第三节　消费者心理活动的认识过程	111
一、消费者认识的形成过程	111
二、消费者认识的发展阶段	115
第四节　消费者心理活动的情绪过程	117
一、消费者的情绪过程	117
二、影响消费者情感变化的因素	117
第五节　消费者心理活动的意志过程	118
一、意志的概念与特征	118
二、消费者心理活动意志过程的三个阶段	119
三、影响消费者购买决策过程的内部因素	120
四、影响消费者购买决策过程的外部因素	122
第六节　常见的殡葬消费心理	125
一、常见殡葬消费心理类型	125
二、常见殡葬消费心理产生的原因	127
三、树立正确的消费观	127
小结	129
知识拓展	129

思考练习 130

第七章　殡葬心理与文化传承

第一节　家祭心理 131
　一、家祭概述 131
　二、家祭体现的殡葬心理 132
　三、家祭心理与生命教育 133
第二节　族祭心理 134
　一、族祭概述 134
　二、族祭体现的殡葬心理 134
　三、族祭心理与家族传承 135
第三节　公祭心理 136
　一、公祭概述 136
　二、公祭体现的殡葬心理 136
　三、公祭心理与国家情怀 138
小结 140
知识拓展 141
思考练习 141

第八章　常用的心理辅导技术

第一节　精神分析治疗 143
　一、治疗技术 143
　二、精神分析治疗的应用 145
第二节　个人中心疗法 146
　一、个人中心疗法的核心 146
　二、治疗过程 147
　三、个人中心疗法的应用 148
第三节　行为疗法 148
　一、一般原则 149
　二、常用的行为治疗方法 150

三、行为疗法的应用 ·· 153
第四节　认知疗法 ·· 153
　　一、合理情绪疗法 ·· 153
　　二、贝克的认知疗法 ··· 154
　　三、认知疗法的应用 ··· 158
第五节　家庭治疗 ·· 159
　　一、常用的家庭治疗方法 ·· 159
　　二、治疗过程 ·· 160
　　三、家庭疗法的应用 ··· 161
第六节　意义疗法 ·· 161
　　一、理论简介 ·· 162
　　二、意义疗法的近代引用 ·· 162
　　三、意义疗法的应用 ··· 164
　　四、"个人意义中心心理治疗"周课程提纲 ··· 165
小结 ·· 165
知识拓展 ··· 165
思考练习 ··· 166

参考文献

第一章 绪 论

本章课件

学习目标

了解殡葬心理的概念、研究对象、性质、特点；了解殡葬心理的产生、发展、研究任务、研究方法等。

第一节 殡葬心理概述

一、殡葬心理的概念

人们在日常的工作和生活中，不可避免地要面对死亡事件。由于死亡现象的特殊性，人们面对死亡时必然会有特殊的心理反应和心理过程，如看到他人（邻居、同事、同学、路人）的死亡，或看到别人家治丧的场面等，人们必然会对生命、人生、死亡等产生一定的心理感受。尤其是至亲的死亡，对人们的打击会更加强烈而持久，可能还会产生诸如痛苦、绝望、恐惧、自责、内疚、麻木等一些非常态的心理感受，这些感受大体上就是殡葬心理。

殡葬心理就是人们在殡葬过程中的心理活动，包括面临死亡事件和参与殡葬活动时的感情、感受、情绪、记忆等，属于社会心理的分支范畴。具体表现为人们在面对死亡事件及参与殡葬活动过程所产生的心理现象，以及这些心理现象产生的原因、变化规律、对个人和社会所造成的影响等。

然而，殡葬心理是讨论生者的心理，而不是讨论逝者或临终者的心理。毫无疑问，人们的殡葬心理与个性、经历、教养、文化水平、社会地位、家庭（家族）等诸多因素相联系。也就是说，每个人的反应程度会不同。人们的殡葬心理会影响到他们的殡葬活动，影响他们的生死观，甚至影响整个殡葬行业的发展。

二、殡葬心理的研究对象

1. 社会群体的殡葬心理

死亡是每个人的必然经历。这里说的不仅仅是老年人的死亡。据国家有关部门统计，每年的死亡人口中有相当一部分是低于60岁的非老年人口，因此死亡是社会正常运转中的必然事件。每个人都要面临生死问题，只不过大部分人群是自然死亡，而有一部分人群是非自然死亡，如因身患疾病或遭受自然灾害、意外伤害等的死亡。作为社会的一员，人们在面对亲人或朋友的自然死亡时尚能坦然处之，主要是因为对他们的死亡"有心理准备"，知道死亡是一件正常的事情。但是当亲人或朋友因意外等情况非自然死亡时，人们的内心是震惊的、否定的、害怕的，甚至"久久不能平静"。

社会群体也就是我们常说的公众。社会群体的殡葬心理构成整个社会的殡葬心理氛围，它是进行殡葬活动时的大众心理环境背景。社会群体的殡葬心理受时间和空间的影响，不同时代和不同地域的社会群体殡葬心理存在较大的差别。

2. 治丧者的殡葬心理

治丧者，包括逝者的直系亲属，如父母、子女、配偶、孙辈等，以及逝者的旁系亲属，如宗亲、姻亲等。当死亡事件发生后，亲属会围绕逝者开展一系列活动，他们由于与逝者的感情和利害关系等的不同，会怀有不同的心理（或心态）来操持丧事、参与丧事或助丧。

这些人与逝者有直接或间接的血缘关系，还有不同程度的物质、感情、精神、利益上的依赖或共存关系。逝者的离去，可能会对他们产生不同程度的刺激、损害和打击，比如他们会产生感情上的痛苦、精神上的孤独、经济上的损失、社会关系资源的丧失等，使他们难以像从前那样生活，也可能会产生一种难以言状的复杂情感。此外，逝者生前的街邻、朋友、同事等关系人物也是前来襄助丧事的助丧者，也是怀着一定的情感的，他们的殡葬心理亦成为殡葬心理的一部分。

3. 殡葬从业者的殡葬心理

殡葬从业者是职业的治丧社会群体，他们长年累月地奔走于殡葬领域，忙碌于逝者和治丧者之间，常年目睹或接触各种遗体，终年听到的是逝者亲人的悲泣声、治丧的哀乐声。这难免会给他们的职业心理带来一定的影响，如精神上可能受损害，或者面对治丧者表现出麻木冷漠的情绪，甚至自暴自弃或对生命产生非正常的态度等。

殡葬心理上升为一定的殡葬观念（或殡葬认知），一定的殡葬观念产生一定的殡葬行为。它们的关系是：殡葬心理→殡葬观念→殡葬行为。一般而言，殡葬行为是殡葬心理通过殡葬观念而呈现出的外在表现。只有对人们的殡葬行为进行深入、细致、具体的研究，并进行综合分析、归纳概括，才可能客观准确地揭示人们的殡葬心理。

三、殡葬心理学的性质

1. 殡葬心理学是独立的综合学科

对殡葬心理的研究形成了殡葬心理学。从心理学发展的历史看，是先有普通心理学，再有社会心理学，然后才可能有殡葬心理学。社会心理学是普通心理学的一个分支，殡葬心理学则是社会心理学的一个分支。也就是说，社会心理学在殡葬领域的运用便产生了殡葬心理学。

殡葬心理学与哲学、经济学、宗教学、文化学、民俗学、考古学有非常密切的关系，或者说，它本身就活跃在一定的哲学、经济、宗教、文化、民俗之中，并且是古代的、现代的、未来的哲学、经济、宗教、文化和民俗之中。当人们将殡葬心理从中抽取出来作为一个对象来加以研究，它才成为一个独立的对象。

随着对殡葬心理研究的深入、资料的丰富、理论的成熟，殡葬心理学将会很快成为一门独立的综合学科，在社会日常生活和社会精神文明建设中起到越来越重要的作用。

2. 殡葬心理学是应用学科

殡葬心理学与社会生活直接联系，它关注的是社会生活条件下人们的殡葬心理表现及其产生的行为。只要有殡葬活动，便会有殡葬心理。可以说，殡葬心理学是现代社会文明高度发展的产物，即城市化、工业化、第三产业高度发展的产物。因为这一过程带来了城市人口的高度集中、休闲时间的增加、人对自身尊严的关注等，以及各门相关的人文学科的高度发展，这样才可能产生殡葬心理学。殡葬心理学是一门应用学科，它对理解人们在殡葬活动中产生的各种情绪，并针对这些情绪开展工作具有现实意义。

四、殡葬心理的基本特点

殡葬心理会发生在所有人的身上。当孩子成长到直面死亡事件或殡葬活动时，其殡葬心理就开始产生了。殡葬心理是社会普遍的心理存在，只是发生的时间与地点、表现的方式、对殡葬参与者心理上的影响程度及其心理反应不同而已。

殡葬心理从属于社会心理，因此社会心理的一些特点，如普遍性、下意识性、非系统性、稳定性和变化性等，殡葬心理同样具有。此外，殡葬心理作为一类特殊领域的心理活动，还具有它本身的一些基本特点。

1. 独特性

在所有的社会活动中，唯有殡葬是为逝者服务的活动，而其他活动都是为生者服务的。殡葬心理是生者在参与殡葬活动时表现出来的心理现象和心理活动，因而具有独特性。也就是说，人们一旦面对逝者，或参与殡葬活动，那么人们相应的殡葬心理就会表现出来，并产生一定的行为。而在平时的非殡葬时刻，此类心理一般是不会出现的。因此，殡葬心理是在一个非常独特的环境中表现出来的心理活动，这是它的独特性。

2. 从众性

从众性是指个人受到外界人群行为的影响，而在自己的知觉、判断、认识上表现得与公众舆论或多数人的行为方式相符合。研究表明，只有很少的人保持了独立性而没有服从群体，从众心理是部分个体普遍存在的心理现象。尤其是在殡葬活动这种特殊活动中，通常人们在不确定的情境中，其他人的行为最具有参考价值。

3. 复杂性

殡葬心理与一个时代的政治制度、哲学观点、经济状况、日常生活、价值观念、人际关系、民俗习惯、文化水平、居民教养等都有相当深的横向渗透关系，是一类比较复杂的综合性的社会心理现象。社会或个人的殡葬心理的形成是一个悄无声息的过程。可能很少有人反思过自己的殡葬心理，即使人们发现了自己的某类殡葬心理，也不一定能从本质上理解它。比如，人们会恐惧遗体，尽管从理性上已经知道它只是没有生命的生物体了。

4. 客观性

即使很多人认为心理活动具有主观性，但它并不是纯主观的东西。殡葬心理的客观性是指，它是客观存在的，是对殡葬活动的一种客观反映，也是人脑反映客观物质过程的产物。

第二节　殡葬心理的发展

 一、影响殡葬心理发展的因素

1. 社会经济

社会经济的内涵在于：一是指整个社会的经济状况、生产力发展水平、社会财富的总量或人均财富量；二是指各家庭（家族）的经济状况。各家庭（家族）的财富占有从来就不是平等的。一定生产力水平下的一定社会财富量为社会的殡葬活动提供了物质基础。同理，一定的家庭（家族）财富占有量为它的殡葬规模提供了物质基础。由此可见，殡葬活动与社会经济密切相关、相辅相成。殡葬活动以一定的社会经济为基础，良好的社会经济会对殡葬活动产生积极的影响，促进殡葬活动进一步发展、改革。

在距今 7000 年左右的仰韶文化遗址的墓葬中，逝者多单独埋葬，也有同性合葬的，但没有异性合葬的。这说明当时还没有小家庭出现，社会是以大家庭的氏族形式存在的。其中的陪葬品是生活用的陶罐、陶钵，一般是一个，有的也有二三个，这表明当时贫富分化尚不严重。在距今 5500 年左右的龙山文化遗址的墓葬中，可以看出社会的两极分化以及随之而来的阶级压迫已经相当严重了。

2. 家族制度

家族是依据共同的血缘关系联结的一种社会组织形式。在中国古代，它通常表现为宗族形式，其最高首领为宗子或族长。家族制度是靠长辈掌握着生产资料、生活资料，以及晚辈对长辈的孝顺、对祖先的敬爱来维系的。

在中国，殡葬历来是一种家族性行为，即维系家族血缘关系、强化家族意识、光耀门第并发展家族势力的一种活动。崇尚殡葬以至演变成"隆丧厚葬"本质上又是抬高长者、老者社会地位的一种社会行为，而宗法制正好就是促成这一社会行为的权力机制，它对中国传统的"隆丧厚葬"起到了巨大的推动和保障作用。如若晚辈未尽心或未大力操办长辈的丧事，通常会被宗族内指责"不孝""没良心""吝啬"之类；反之，则受到一致的赞扬。因而，家族成为中国古代丧葬环境中最重要的元素，对殡葬活动的发展、走向产生了极大的影响。

3. 社会意识形态

社会意识形态是一类系统的社会价值观念体系，如政治法律、伦理道德、忠孝观念、文学艺术、宗教思想等。一般而言，国家的社会意识形态是主流的社会意识形态，而民间的、地方的或某阶层的社会意识形态则是非主流的。但不管哪方面，都会对殡葬产生影响，当然，主流的社会意识形态的影响会更深远。

在中国古代，殡葬活动是以"忠""孝"为经线编织起来的，再掺杂着其他的社会意识形态、民间信仰、民俗习惯等，由此构建起来一整套的操作程序。

4. 社会心理本身

社会群体往往存在着比较稳定的社会心理，如感恩、悲伤、内疚等成为人类共同的心理。在中国古代，还发展出"忠""孝""光宗耀祖""衣锦还乡"等社会心理。当今社会，对民族英雄的崇拜，在文化传承中遗留下来的公祭等行为，都成为一个民族的集体无意识行为。社会心理直接影响到具体的殡葬心理。

二、中国殡葬心理的当代化发展

随着社会的不断进步以及传统丧葬仪式的改革，当代中国的殡葬心理也发生着不小的变化：在延续"孝"文化的基础上，与社会大环境相呼应，更加注重个性化发展以及情感抚慰。

1. 个性化丧葬仪式满足丧属情感需求

当代社会，人们对逝者的悼念已不只是通过之前普及的追悼会制度来展现。在这个多元化发展的社会，越来越多的丧属希望殡仪服务单位能够为逝去的亲人订制符合其经历背景、性格品质、功绩成果的个性化丧葬仪式来追忆逝者。因此，现在很多殡仪服务单位在传统遗体告别仪式流程的基础上，采用现代表现方式，增加符合逝者特点的个性化的服务内容，如追忆生命故事、使用全息投影技术等，或是为逝者举行追思仪式。一件逝者的遗物、一张逝者的照片、一段逝者的生前影像，每一个元素都满足了丧属的情感需求，将人们对逝者的情感共鸣张力拉满，在悲伤中有思念和不舍，在思念和不舍中激发后辈人继续努力向前。这无疑将人们原来较为简单的殡葬心理进一步升华，也能够帮助丧属获得心理上的抚慰。

2. 卸下恐惧直面死亡

古代的人们因为对死亡的未知，所以大都展现出对死亡的恐惧，说话聊天中任何与"死"有关的话题都成为忌讳。但现在，随着生命教育在校园中的普及，很多青少年在建立人生观、价值观、世界观的初期，就接受了关于死亡的教育，这使他们在面对死亡这个话题时不再讳莫如深。还有不少地区建立了死亡体验馆，更是让人们体会到当下生活的希望，懂得感恩。而随着我国人口老龄化的不断加剧，老人也越来越多地卸下恐惧直面死亡，他们开始参与到对自己身后事的安排中。很多老人与相关机构签订了生前契约，从寿衣选择到追悼仪式，从火化规格到安葬需求，每一个环节都融入了老人自己的意见，真正实现了自己对身后事的个性化安排。再加上很多殡仪服务单位会在清明节举行开放日活动，让更多人来到殡仪馆、墓园了解殡葬服务，不仅揭开了殡葬的神秘面纱，更加摘掉了人们一直戴着的有色眼镜，来重新看待死亡。

3. 情感抚慰帮助人们缓解哀痛

以前，因为人们对殡葬心理掌握得不全面，以及心理疏导、情感抚慰发展得不完善，很多人都是在自我消化亲人离去带来的伤痛，甚至有的人因为难以纾解这种伤痛而积郁成疾。当下，随着心理疏导以及情感抚慰的不断发展，人们可以通过寻求专业人士的帮助来解决自身及家人因亲人离去所出现的心理问题。殡葬从业人员因为是面对丧属的一线工作人员，也开始越来越多地将对丧属进行情感抚慰作为自己工作的重要一环。这是一种人文关怀，更是中国殡葬心理当代化的一个重要标志。

第三节　殡葬心理的研究

一、殡葬心理的研究任务

本书主要讨论殡葬心理及其具体应用，而非把殡葬心理学作为一门科学来研究。面对生死大事，殡葬心理具有多方面的任务。

首先，以辩证唯物主义和历史唯物主义为指导，研究殡葬心理发展的理论。

殡葬心理在殡葬活动中产生而又影响殡葬实践。它的形成，是作为与逝者相关的主体人对客体的殡葬活动的反映。人在殡葬活动中所产生的感情和意志，虽然有相同的生理机制、心理活动、心理状况和心理特征，但是还受到历史背景、社会环境和个人处境的影响。就算是夫妇、父子、兄弟、朋友这种较为亲近的关系，也可能会因为时代和阶级的差异而产生不同的殡葬心理。

其次，吸取国外成果，丰富我国殡葬心理学知识。殡葬心理学作为一门分支学科，就国内外而言，无论是其从属的心理学还是殡葬学的学科体系都还没有形成。此前无殡葬心理学，不等于没有殡葬心理知识及其研究，更不等于没有殡葬心理。作为一门学科，殡葬心理学必须以全人类在殡葬活动中的心理作为对象，总括这方面的知识并将其升华为理论。只有这样的殡葬心理学，才不限于某个民族，不偏于一个地域，不囿于一个国家。

再次，研究殡葬中的消费心理，制止厚葬。殡葬活动自始至终是一个消费过程。实际上，在逝者临终之前，丧户便着手购买丧葬仪式所需要的物品，直至安葬之后的祭祀，购买活动一直存在。在这一过程中，逝者家属所购的有丧葬物品、款待来宾的物品与酒席、殡葬服务等。在购买过程中，产生了认识过程、感情过程、意志过程三者的交融合一，这些心理活动影响了殡葬活动在市场化过程中的发展与演变，最终在市场经济环境下促进殡葬制度的产生与演变。

最后，推进殡葬现代化。殡葬在历史发展中，其用品、仪式、葬具、葬式等方面都在发生变化。它随社会形态、生产技术形态、经济运行形态、生活方式、思想意识的变化而变化，是时代的产物。但是，其也有相对稳定性，主要是心理意识的原因。社会形态、生产技术形态、经济运行形态和生活方式对殡葬的影响，要通过心理意识而起作用。与时代精神和生活相比的殡葬滞后性，是心理意识的某些方面滞后造成的。我们务必具备现代精神，以科学和民主原则，树立殡葬新风。

殡葬心理学旨在阐明人体生理机制作用下的殡葬心理活动及其规律，向人们提供有益的心理知识，防止出现心理失常和错误心理，正确对待作为人生大事的殡葬活动，从而更好地学习、工作和生活，同时移风易俗，建立新的殡葬习俗。

二、殡葬心理的研究方法

殡葬心理的研究既要尊重历史传统，又要注重现实发展，所以在殡葬心理的实际研究过程中，必须采用多种多样的具体的研究方法。

（一）理论研究

常以文献研究为主，是通过收集和分析现存的，以文字、数字、符号、画面等信息形式出现的文献资料，来探讨和分析各种社会行为、社会关系及其他社会现象的研究方式。通过内容分析和二次分析将已有信息进行重新梳理与规划。

内容分析指的是对各种信息传播形式的明显内容进行客观的、系统的和定量的描述和分析的一种研究技术。二次分析即第二手分析，指的是对那些原先由其他人为其他目的收集和分析过的资料所进行的新的分析。

（二）应用性研究

1. 问卷法

问卷法是通过由一系列问题构成的调查表收集资料，以测量人的行为和态度的心理学基本研究方法之一。采用预先拟定好的调查表，由被调查者自行填写来搜集资料，分析推测群体的心理特点及心理状态。在社会总体的异质性日益增强，社会生活现象越来越复杂的情况下，电子计算机技术的发展，社会统计指标的建立，多元统计分析方法的完善，都为问卷法的广泛运用提供了必要的客观条件。

在殡葬行业迅速发展而又与大众的实际生活相去较远的条件下，问卷法更利于有效地了解行业信息等情况。它不受地域空间限制，有很好的匿名性，便于资料定量分析，能够排除人为干扰，节省人力、财力、时间。

2. 谈话法

调查者依据预先拟定好的问题向被调查者提问，在问答过程中搜集资料，分析、推测群体的心理特点及心理状态的调查方法。

3. 实验法

实验法是一种经过精心的设计，并在高度控制的条件下，通过操纵某些因素，来研究变量之间因果关系的方法。它适合殡葬活动中的个案活动研究和跨文化研究等。

（1）模拟实验法

实验者人为设置一种情境，通过对真实社会情境的模拟，探究人们在特定社会情境下的心理活动的发生与变化规律的方法。

（2）自然实验法

又名现场实验法，是在自然情况下控制条件进行试验，对由此发生的相应的心理变化进行分析研究、作出结论的方法。

4. 观察研究法

研究者围绕生活中的正常活动进行系统的观察，以获得数据、作出结论的一种研究方法。

5. 心理测验法

心理测验法是指用标准化量表对个体心理特征进行量化的研究方法。这一方法所获的测量数据较为理性、客观，是较常见的测量方法。

三、殡葬心理的研究意义

（一）理论意义

殡葬心理是应用心理学理论于殡葬领域形成的新分支学科。它在理论上具有三方面的价值：第一，阐明殡葬心理的事实规律和理论，填补心理学、殡葬学学科体系的缺失；第二，构建殡葬心理系统，促进社会心理学科及普通心理学、殡葬学科及普通殡葬学理论的发展；第三，加深和拓展对生存意义的理解，以利于思考生死问题，思考生者与逝者关系，进而解决生死学相关的问题。

（二）社会意义

1. 传承殡葬文化

殡葬活动是人类社会生活的重要内容，与每个社会成员的生活息息相关，是传统文化的一部分。我国的丧葬礼俗是在社会文化发展的前提下形成的。各种丧葬仪式反映了传统文化与某一阶段文化的相互融合，发挥着民俗的社会功能，传承着社会文化。

现代人们常见的公祭、族祭、家祭等祭奠仪式就是对中国传统祭奠仪式的传承，尤其是里面涉及的礼俗，经过时间和岁月的洗礼，展现出了"慎终追远"的深刻内涵，是当代人们开展殡葬活动的重要依据。

2. 社会凝聚整合

殡葬活动是亲属、家族、社会集团的大聚集，参与本身就是一种联系和整合。殡葬活动的具体形式和规模是家庭实力的显示和积累。这种集体性活动，在少数民族群体和团体组织中更加突出。参加葬礼的人，首先是有血缘关系的亲戚，其次是有地缘关系的乡邻，以及与逝者及其亲人关系密切的好友、同事。殡葬仪式为这些人提供了一次相聚的机会，对逝者共同进行哀悼和怀念，加强了人们的感情联系，从而促进了人们之间的沟通，发挥出社会凝聚整合的作用。

同时，殡葬活动的开展，往往还伴随着民众情感的寄托。如春节祭祖、清明扫墓，表达了人们对已逝祖先深深的怀念之情，这种感情也是维系家庭亲情、凝聚民族向心力的一股强大力量。中国人无论漂泊何地，总是那么思乡爱国，这与家庭、家族的紧密精神联系不无关系。

殡葬活动又是人们释放压力、宣泄情感的一种方式。它将人们存在于内心的情绪利用外化的行为显现出来，使人们在困境面前重新获得了信心与力量。如开展追思、共祭活动，让生者通过追忆、怀念逝者来传承逝者的精神和遗志，给予生者心灵上的慰藉和前行的动力。

3. 实现社会教育功能

殡葬过程中，生者可以体察到自己与逝者逐渐远离，必须练习控制自己的情绪，收敛内心的悲痛，学会理性地面对无时不在的死亡，逐渐恢复平静。通过对死亡的认知和感慨，领悟到生命因短暂而宝贵，因此应该更加珍爱生命，把有限的时间投入有意义的人生追求中，追寻生命的价值。

在丧葬仪式中，参与的公众都会受到感染和熏陶，对本民族的社会规范、价值观念、为人处世原则会有一定的了解和认识，这实际上相当于一场有声有色、绘声绘影的道德伦理教育。殡葬活动的教育功能也体现在宣扬中国传统文化上，在提倡厚养薄葬的同时，正确宣扬孝亲、敬老的传统道德，建立尊老、爱老、孝老的社会道德。

殡葬心理因社会的发展而逐渐改变，它在每个人心中是不同的。在人类文明之初，人没有产生这方面的认识，也没有像现代一样的技术去处理遗体，没有对殡葬行业形成一种具体的规划。随着社会的发展，思想文化的多样化，社会各个层面出现了不同的殡葬意识和殡葬需求。

殡葬心理反映了社会心理的一个方面，它通过殡葬活动反映当下的社会意识形态领域的变化、发展和政策走向，成为影响社会政治、经济、文化发展的重要因素。

(三)个人意义

殡葬仪式及相关信仰有着重要的心理情感抚慰功能,其不可或缺的文化价值在于它使得个人精神的永恒存在成为可能。对亲属来说,送逝者最后一程,是与逝者告别的一个重要仪式,可以抚慰亲属的心灵;同时,见证逝者的离去,也能使生者思考生命的意义,从而更加珍爱生命。

小 结

殡葬心理是人们面对死亡事件或在殡葬活动的过程中产生的心理活动。

殡葬心理主要研究社会群体的殡葬心理、治丧者的殡葬心理和殡葬从业者的殡葬心理。

影响殡葬心理发展的因素主要有社会经济、家族制度、社会意识形态和社会心理本身。

知识拓展

古书中的"薄葬"观——《论语·先进第十一》

颜渊死,门人欲厚葬之。子曰:"不可!"门人厚葬之。子曰:"回也,视予犹如父也,予不得视犹子也。非我也,夫二三子也。"

在厚葬颜渊的问题上,孔子认为丧葬以哀悼心诚为本。颜渊家贫,丧葬应该量力而行,厚葬违背了"礼"的节俭之意。颜渊生前清贫朴素,一直循礼而行,死后厚葬,亦违背其本心。孔子一直主张以"礼"办事,把个人情感与社会礼制分得很清楚。他反对任何越礼的行为,坚决维护"礼"的神圣性。

思考练习

1. 殡葬心理的发展历程是静态的还是动态的?它由哪些因素所决定?
2. 在殡葬心理的研究对象中有没有主次之分?
3. 殡葬心理作为社会心理学的一个分支,有没有可能成为一门独立的学科?它在发展过程中受到的限制有哪些?

第二章 殡葬心理的理论基础

本章课件

学习目标

了解各个学派的心理学理论基础；通过学习各个学派的心理学理论基础，解读各种理论对殡葬心理产生的影响。

心理学的发展过程是前人从不同的角度、层次来进行研究的过程，殡葬心理则是通过研究各类人群在面对殡葬活动时所展现出来的不同心理特征，进一步探讨人的心理变化。事实上，前人研究的心理学理论，能够对人们在殡葬活动中所表现出的心理问题进行有效的解读，从而帮助人们认识殡葬心理、认识死亡、认识生命的意义。

第一节 精神分析学

一、精神分析学理论

精神分析学派是欧美现代心理学派别之一，也是广泛影响西方社会的学派之一。精神分析学说逐渐由精神障碍治疗的理论和技术，扩大到心理学的思想体系，进而扩大到人生哲学和宣传研究领域。

精神分析学说是弗洛伊德在毕生的精神医疗实践中，对人的异常心理经过无数次的总结而逐渐形成的，主要着重于精神分析和治疗，并由此提出了对心理和人格的新的独特的解释。弗洛伊德精神分析学说的最大特点，就是强调人的本能的、情欲的、自然性的一面。它首次阐述了无意识的作用，肯定了非理性因素在行为中的作用，开辟了潜意识研究的新领域。它重视对人格的研究，重视心理应用。弗洛伊德的精神分析理论包括以下几个部分。

1. 人格结构说

弗洛伊德认为，人的心理是由本我、自我和超我三层结构组成的。"本我"是一个无意识结构，是同肉体相联系的本能和欲望，按"快乐原则"活动；"自我"是一个意识结构，是认识过程，按"现实原则"活动，感受外界影响，满足本能要求；"超我"是一个由社会灌输的伦理观所形成的结构，按"至善原则"活动，用来制约自我。

本我由原始的本能力量组成。本我不知道对与错，是人类本能存在的地方。人生来具有生存本能和死亡本能。生存本能支持和帮助个体和种族的生存，饥饿、口渴和性驱力是生存本能的一部分。死亡本能，有时被称为死亡愿望。弗洛伊德认为生命形式起初很不稳定，生命很脆弱且很容易退回到无生命状态，认为这种状态以死亡愿望的心理形式出现。

自我是人格结构的表层，但也是部分意识而已。自我是现实化的本我，是在现实的反复教训下，从本我中分化出来的一部分。自我遵循的是现实原则，为本我服务。如当人感到饥饿的时候，自我就寻找食物；当人感到干渴的时候，自我就寻找水。自我的基本目标是达成本我的需要，以确保个体的福利和生存，同时也要适度控制本我的需要。如丧亲者思念逝者，自我就会通过进行殡葬活动来表达。

超我是道德化的自我，是人格中最后形成文明的一部分。超我是社会规范和道德观念的生成物，它基本上就是人们所称的"良心"。超我关心的是对与错、善与恶，是一种内在的控制系统，用来对抗本我不知限制的欲望。超我的运作也是通过自我，迫使自我去抑制错的或不道德的欲望。如殡葬从业者对遗体表示尊重的态度即体现了超我。

这三个方面错综复杂，交互作用，从而产生各种行为和思想。本我要求自我满足其欲望；超我则要求自我将欲望压抑下去；自我则调和两个方面，依照现实环境，采取适当措施。

2. 潜意识

潜意识是人们不能认知或没有认知到的部分，是人们已经发生但并未达到意识状态的心理活动过程。弗洛伊德将潜意识分为前意识和无意识两种。在弗洛伊德的心理学理论中，无意识、前意识和意识虽是三个不同的层次，但它们是相互联系的系统结构。他将潜意识分为两种：一种是潜伏的但能成为有意识的潜意识——前意识；另一种是被压抑的，但不能用常规方法使之成为有意识的潜意识——无意识。

但实际的潜意识，其实是意识的一部分，只不过是被人们压抑或者隐藏起来的那部分意识。所以，潜意识能力在被发掘之前就被前意识与无意识的中间层间接和主动地否决了。

3. 焦虑

人们也许花费许多时间讨论焦虑，但从未想到"神经质"这个名词，也不称焦虑为神经质。这种焦虑可称为"真实的焦虑"，区别于神经症的焦虑不安。真实的焦虑或恐惧似乎是一种最自然、最合理的事，是人对外界危险，或意料及期望中的伤害的知觉反应。这种焦虑伴随着逃避反射，可视为自我保持本能的一种表现。至于引起焦虑的对象和情境，则大部分根据人从外界感受到的压力而有差异。弗洛伊德认为焦虑有三种：现实焦虑、神经焦虑和道德焦虑。

现实焦虑来自现实世界的威胁，个体面临着一个被感知为危险的情景或状态。焦虑作为一种刺激可以引起消除危险的行动，这种行动又能降低焦虑。如果个体没有做出适当的行动，焦虑可能越来越严重，直至使个体瘫痪。

神经焦虑来源于本我冲动要释放的威胁，它会让个体做出受惩罚的事情，个体害怕失去控制使自己陷入麻烦。当然，这种恐惧不一定是完全有意识的，个体体验到焦虑却不知道它产生的原因，通常会产生未知的恐惧感和对即将来临的灾难的恐惧感。

道德焦虑产生于超我的影响，即个体的思维、感觉或行为违反了自己遵守的价值或道德标准。当个体做错事时，超我会制造出内疚、羞愧以及自卑感。道德焦虑是来自自己良心惩罚的恐惧。

4. 压抑

本能冲动的变化之一是在抵抗中使冲动不起任何作用。在某些条件下，冲动便进入了"压抑"状态。如果问题是在于外在刺激的运作上，所采取的适宜方式便是逃避。然而，对冲动而言，逃避是没有用的，因为自己无法逃避自己。此后反抗本能冲动的较好方式便是拒绝，它是建立在判断的基础之上的。压抑是谴责的前期表现，处在逃避与谴责之间。关于压抑的明确阐释在精神分析学说之前是未曾有过的。

5. 转移

转移即在生命过程中因缺少爱所导致的不幸，包括贫穷、家庭纠纷、盲目的婚姻、愤世嫉俗等都会对人们的内心好恶产生影响，当人们承受不住外界的刺激、现实的打击的时候，就会寻找发泄口，爆发自己的情绪。例如，当一个热心、开朗、愿做公益之人，因受到他人的诬陷与污蔑，身边人逐渐远离他时，他的内心也在逐渐被这种恶意的污蔑所侵蚀，就会从一个"善良人"变成"恶人"。

6. 释梦理论

释梦理论是弗洛伊德精神分析学说的一个重要组成部分，是探索无意识心理过程的一个基本手段。"梦是欲望的满足"，这是他释梦理论的哲学出发点。梦中实现的欲望属于无意识，而最后的推动力是本能的冲动。弗洛伊德按照精神分析的观点把梦的内容意义分为两个层次：一个是表层意义，是梦的"显意"，指做梦者可以回忆起来的梦的情景及其意义；一个是深层意义，是梦的"隐意"，是指做梦者通过联想可以知道的隐藏在显意背后的意义。

弗洛伊德将凝缩、转移、象征作为释梦工作的基本方法，他探讨了梦的材料的来源，如生活的残迹、躯体内外感知觉的刺激、压抑的欲望、已经遗忘的童年体验等。

二、精神分析学理论对殡葬心理的影响

精神分析的基本原理在于帮助人们对自己的心理状态有所领悟和了解，特别是压抑的欲望、隐藏的动机，或者不能接触的情结。通过自知力的获得，了解自己的内心，洞察自己适应困难的反应模式，能进而改善心理行为及处理困难的方式，走出情感困境。

弗洛伊德认为，超我同本我一样是非现实的，自我周旋于本我和超我之间，本我是人类本能存在的地方。人生来具有生存本能和死亡本能，死亡本能有时被称为死亡愿望。死亡愿望这种破坏性的能量如果不能在某种活动或是某种方式上得到释放，就会导致疾病。焦虑通常被当作人类生存状态的一部分，但有些个体在产生强烈的焦虑时，对待自己以及面对所处的社会环境和物理环境时会受到严重的阻碍。压抑是最基本、最重要的防御机制，自我将不能接受

的东西排除在意识之外，不愉快或不合要求的冲动、思想、情感或记忆，被留在或投入无意识中，如人对死亡产生恐惧、神秘的心理。释梦理论中说到，梦是一种意义丰富的精神行为，它的动机总是寻求愿望的满足，如父亲梦到已去世的孩子，说明孩子活着的愿望是父亲的一个动机，父亲在潜意识中因为思念难以忘怀孩子，孩子会在父亲梦境中出现，满足父亲内心对孩子的想念。

所谓知难行易，能懂得自己的心理，也就有可能去操纵自己的行为，消除困难。而要体会自己内心隐藏的动机，挖掘自我的潜意识，或者了解自己心理与行为上的缺点，并非易事，因此要通过研究精神分析理论，实现"逝有所安，生有慰藉"的"心理救赎"。

第二节 生理学

一、生理学理论

研究心理因素在人的健康和疾病中的作用和地位时，除了有以弗洛伊德为代表的心理动力方面，同时还有一个朝着生理学方向的心理生理学派。这是心身医学体系在其形成过程中，研究心身疾病的两个发展方向。

1. 坎农的情绪学说

著名的生理学家沃尔特·坎农在20世纪30年代提出的情绪学说指出，强烈的情绪变化（恐惧、发怒等）会使动物产生战斗或逃避的反应，通过植物神经系统影响下丘脑激素的分泌，导致心血管系统活动的改变。如果不良情绪长期反复地出现，就会引起生理功能紊乱和病理改变。

坎农的理论强调脑的整合作用。情绪有主观体验和身体反应两个方面，这两个方面是在大脑中整合起来的。情绪状态包含着大量的能量消耗，这是交感神经系统的活动所耗费的。他着重指出，某些情绪是有机体对突然的、具有危险性的情境的紧急效应。这种反应产生了自主神经系统的交感部分最强烈的活动。在他看来，交感神经支配的内脏活动是由于情绪性质的刺激使大脑皮质兴奋了，大脑皮质的兴奋解放了丘脑控制的机制。丘脑的活动产生了两方面的作用：一方面反馈到大脑皮质，产生情绪的主观体验；另一方面激活交感神经系统，产生内脏的反应。由于两方面神经冲动的交互作用产生情绪，然后才产生机体变化。情绪是先于外显表现的。

这一理论说明引起情绪的刺激首先是被大脑皮质"知觉"的，然后由大脑皮质解放丘脑的活动（原来是被抑制的）。丘脑的活动反馈给大脑皮质才有了情绪体验。与此同时，丘脑下行的兴奋激活了内脏的活动。这种情绪的体验和内脏的活动似乎是平行的，而不是因果的关系。引起情绪的原因是大脑皮质对刺激性质的反应，其中暗示有"认知"的问题，当然也有对某些有害刺激的本能反应。

总的来说，坎农-巴德理论唤起了人们对丘脑重要性的注意。他们还提出了一系列有说服力的论点，虽然这些论点后来受到不严肃的质疑，但至少引起了人们对情绪的神经生理方面的注意。他们因此而成为这方面理论研究工作的先驱。

2. 沃尔夫的心理应激理论

心理生理学派近代的代表人物之一是美国的沃尔夫，他经过三十多年的实验室以及临床观察和研究，例如，通过观察胃瘘患者情绪因素对胃的运动、张力、黏膜血管舒缩和分泌的影响，发现在情绪愉快时，黏膜血管充盈，分泌增加；在愤怒、仇恨时，黏膜充血，分泌大大增加，运动增强；而在忧郁、自责时，黏膜苍白，分泌减少，运动也受到抑制。这些生理变化如果持续下去就会发生病理变化，导致心身出现疾病时的结构性改变。他支持汉斯·塞里的应激适应机制的理论。由于在他的实验设计中研究对象是有意识的心理因素，心理刺激可以定量，所造成的生理和病理变化可以测量，实验结果可以比较和重复，即可用数量来表示研究的变量，因此他所开创的这一心理生理学的研究方法，在20世纪50年代以后成为研究心身疾病的主要方向。

3. 巴甫洛夫的情绪理论

这是巴甫洛夫条件反射学说的一个组成部分。他一方面把情绪和本能并提，认为情绪激动乃是在皮质控制力减弱的条件下发生的极其复杂的无条件反射；另一方面把情绪与大脑皮层神经活动的动力定型的建立联系在一起。他认为动力定型的建立过程、建立的完成过程、定型的维持和它的破坏，在主观上构成人们各种积极和消极的情感。

巴甫洛夫认为，人的心理活动包括人的一切智慧行为和随意运动，都是在无条件反射基础上形成的条件反射。他把条件反射视为机体与外部世界相互作用的要素，主张采用条件反射来科学地研究主观心理现象，强调一切主观活动都是由客观因素所决定的，坚持机体与环境、心理与生理、主观与客观的辩证统一。

二、生理学理论对殡葬心理的影响

沃尔夫所提出的心理应激理论告诉我们，有意识的心理活动以及对外界刺激的认知、评价是有机体生理机能的主动调节者，是导致疾病或促进健康的关键因素。如果察觉外界刺激具有威胁性，就会产生焦虑、恐惧或愤怒的情绪；如果认为外界传递的是良好的信息，就会产生愉快、喜悦或兴奋的情绪。这种消极或积极的情绪的产生，因各人个性差异和对外界刺激的主观评价而有很大的不同。比如，在森林里与在动物园里看到老虎时所产生的心理、生理反应是迥然不同的；亲人亡故往往会产生悲伤情绪，但也有人对久病不愈、长期侍候、经济负担过重或感情不融洽的亲人的死亡会产生如释重负的情绪，而不产生精神创伤。

巴甫洛夫的学说进一步告诉我们，人在习惯的生活方式发生改变时，如面对亲人去世的时候，他们会产生沮丧的情感。其生理基础就是原有的情感支撑受到破坏，新的支撑体系又难以建立起来，从而使得一部分人在面对亲人去世的情况时，久久不能走出对逝者的怀念，逐渐累积，形成了更严重的心理问题。

第三节　需要层次

一、需要层次理论

马斯洛需求层次理论是人本主义科学的理论之一，由美国心理学家亚伯拉罕·马斯洛1943年在论文《人类激励理论》中提出。马斯洛认为人类具有一些先天需求，越是低级的需求就越基本，越与动物相似；越是高级的需求就越为人类所特有。同时，这些需求都是按照先后顺序出现的，当一个人满足了较低的需求之后，才能出现较高级的需求，即需求层次。马斯洛需求层次理论把需求分成生理需求、安全需求、爱和归属需求、尊重需求和自我实现需求五类，依次由较低层次到较高层次排列。在自我实现需求之后，还有自我超越需求，但通常不作为马斯洛需求层次理论中必要的层次，大多数会将自我超越合并至自我实现需求当中。

通俗来讲，假如一个人同时缺乏食物、安全、爱和尊重，通常对食物的需求是最强烈的，其他需求则显得不那么重要。此时人的意识几乎全被饥饿占据，所有能量都被用来获取食物。在这种极端情况下，人生的全部意义就是吃，其他都不重要。只有当人从生理需要的控制下解放出来时，才可能出现更高级的、社会化程度更高的需要。

1. 生理上的需要

人最基本的需要包括呼吸、水、食物、睡眠等。如果这些需要中的任何一项得不到满足，人的生理机能就无法正常运转，换言之，人的生命就会因此受到威胁。从这个意义上说，生理需要是推动人们行动首要的动力。马斯洛认为，只有这些最基本的需要满足到维持生存所必需的程度后，其他的需要才能成为新的激励因素。而到了此时，这些已相对满足的需要也就不再成为激励因素了。

2. 安全上的需要

马斯洛认为，整个有机体是一个追求安全的机制，人的感受器官、效应器官、智能和其他能量主要是寻求安全的工具，甚至可以把科学和人生观都看成是满足安全需要的一部分。当然，这种需要一旦相对满足后，也就不再成为激励因素了。

3. 情感和归属的需要

人人都希望得到关心和照顾。感情上的需要比生理上的需要来得细致，它和一个人的生理特性、经历、教育、宗教信仰都有关系。人们希望得到感情上的支持、精神上的寄托。

4. 尊重的需要

人人都希望自己有稳定的社会地位，希望个人的能力和成就得到社会的承认。尊重的需要又可分为内部尊重和外部尊重。内部尊重是指一个人希望在各种不同情境中有实力、能胜任、充满信心、能独立自主。总之，内部尊重就是人的自尊。外部尊重是指一个人希望有地位、有威信，受到别人的尊重、信赖和高度评价。马斯洛认为，尊重需要得到满足，能使人对自己充满信心，对社会有满腔热情，体验到自己活着的用处和价值。

5. 自我实现的需要

这是最高层次的需要，它是指实现个人理想、抱负，发挥个人的能力到最大程度，达到自我实现境界，接受自己也接受他人，解决问题能力增强，自觉性提高，善于独立处事，要求不受打扰地独处，完成与自己的能力相称的一切事情的需要。也就是说，人必须干称职的工作，这样才会使他们感到最大的快乐。马斯洛提出，为满足自我实现需要所采取的途径是因人而异的。自我实现需要是人在努力实现自己的潜力，使自己越来越成为自己所期望的人物。

二、需要层次理论对殡葬心理的影响

从传统意义上讲，需要层次中的最低层次需求对应了殡葬的仅满足逝者入殓的最基本需求，如配置装老衣服和棺木，满足逝者及其家属"入土为安"的需求。较高层次的需求则表现在，随着时代的进步，人们的生活水平日益提高，人们不再是单单满足"入土为安"即可，而是进一步追求与时代要求相符合的、更多满足精神层面需求的治丧方式。包括家属通过个性化的殡葬活动来表达自己对逝者的怀念，如开展追思仪式；有的逝者在离世前已然安排好了自己的"身后事"，如生前契约；很多逝者生前为自己选择了更为环保、经济的生态葬来完成自我价值的实现。同时，在墓地选择上，更多人开始追求个性化的艺术墓，从而表现出其较高层次的心理需求。人们的需要不再是单一的、低等级的，而是逐渐在适应社会的主流趋势中向多项高级别的需要转化。

第四节　自我防御机制

一、自我防御机制理论

在弗洛伊德之后，他的女儿安娜·弗洛伊德对自我防御机制进行了系统的研究。她的著作《自我和防御机制》对自我防御机制进行了详细的论述和系统的介绍。她在书中强调："每一个人，无论是正常人还是神经症患者，其某种行为或言语都在不同程度上使用全部防御机制中的一个或几个特征性的组成成分。"

自我防御机制会阻碍人格的发展，但是只要能够恰当地运用这些防御机制来维持平衡，而没有表现出适应不良行为的话，就不算是一种异常的人格。若在不适当的时机使用防御机制，则会导致异常人格的出现。自我防御机制有很多种，下面主要介绍几种重要的防御机制。

1. 否认

否认是指对某种痛苦的现实有意识或者无意识地加以否定，来缓解自己的焦虑和痛苦。不承认似乎就不会痛苦，如拒绝接受亲人亡故的事实，仍坚持其未死。这的确是一种保护性质的、正常的防御，只有在干扰了正常行为时才能算是异常的。

否认是不愿相信、拒绝接受已经发生的某种痛苦，而并不是拒绝没有发生的事情。在很多逝者的葬礼上都有这样的情形：逝者家属悲痛欲绝，拒绝接收逝者的骨灰盒，甚至哭晕在当场。家属不相信自己的家人就这样撒手人寰，在他们的内心深处不相信之前还与自己有说有笑的人就这样突然离去。

2. 压抑

压抑指的是一种能够被意识觉察到并困扰着意识感受的心理过程，是每个人用来控制某些愿望和欲求的方法，而这些欲求并不是像潜抑过程所作用的那样具有和意识严重的冲突，它们较弱但仍然有力。

受到挫折后，个体把意识不能接受的冲动、矛盾、情感等排斥到意识之外，压抑到潜意识之中，推迟满足需要的时间；或者主动忘记自己的不幸与痛苦，轻松地迎接再次的考验，从而避免焦虑、紧张和冲突，消除心理压力。被压抑的痛苦或冲突并未真正消失，只是由意识领域转入潜意识领域，并且常常以伪装的方式表现出来，以求得暂时满足。像梦中和酒后的言行都是被压抑到潜意识中的愿望，趁着意识的辨别能力较弱时出来活动的现象。

作为心理防御机制形式的压抑，具有积极作用，也具有消极作用。其积极作用在于控制某些不适当的冲动，减轻不愉快经验的打击，避开暂时的困难，以图东山再起。其消极作用表现在如果过于频繁地压抑，超过了意志控制的能力与心理忍受力，就可能出现心理失常，严重的还可能出现心理疾病。

3. 合理化

合理化又称文饰作用，指无意识地用一种似乎有理的解释或实际上站不住脚的理由，来为其难以接受的情感、行为或动机辩护，以使其可以接受。合理化有三种表现：一是酸葡萄心理，即把得不到的东西说成是不好的；二是甜柠檬心理，即当得不到葡萄而只有柠檬时，就说柠檬是甜的，这和第一种均是掩盖其错误或失败，以保持内心的安宁；三是推诿，即将个人的缺点或失败推诿于其他理由，找人担待自己的过错，使自己的心灵保持平静。

4. 移置

移置是无意识地将指向某一对象的情绪、意图或幻想转移到另一个对象或替代的象征物上，以减轻精神负担，取得心理安宁。如两人之间发生冲突，不想伤害对方，又满腔愤怒难以平复，因此转而踢倒身边的板凳，把自己的怒气转移到身边的物体上（此时物体就成了发泄怒气的"替罪羊"）。这时虽然客体变了，但其冲动的性质及其目的仍然未改变。

5. 投射

在日常生活中，使用投射的情形也很普遍，这亦是人际交往的一种方法。投射含有一种特殊的含义，即个体自己有某种罪恶念头或某种恶习，却反而指斥别人有这种念头或恶习；或者把自己所不能接受的性格、特征、态度、意念和欲望转移到别人身上，指责别人这种性格的恶劣，以及批评别人这种态度和意念的不当。投射能让人利用别人作为自己的"代罪羔羊"，使其逃避本该面对的责任。如"五十步笑百步"的故事，就是一种投射的表现。此种机制可以保护个体的内心得以安宁，但会影响个体对事情正确的观察和判断能力，并易造成人际关系上的问题，对个体缺乏建设性的作用。如有些不良少年，别人无意中看他一眼，他就动手打人，认为别人瞧不起他，这都是投射机制使然；患有被害妄想症的患者，亦多采用此机制，他内心憎恨别人，却疑神疑鬼，无中生有地说别人要害他。

6. 反向形成

人有时心中讨厌或憎恨一个人，但在表面上却又对此人十分热情和关心；有时心里喜欢一个人，表面上却异常冷淡。无意识的冲动在意识层面上向相反方向发展，人的外表行为或情感表现与其内心的动机欲望完全相反，在心理学上称为反向形成、反向作用、反向行为、矫枉过正，是心理防御机制之一。

反向形成的主要表现是性格。一个人的性格主要是受家庭的影响。比如，一个孩子从小就失去了母亲，那么他的性格可能会变得孤僻，但是这种人长大后比较能适应社会。所谓有失必有得，失去了并不一定是坏事，得到了也不一定是好事，就是因为人的思想进化得相对高等，所以才会增强对社会的应变能力。

反向形成若适当使用，可以增强人的适应能力；但若过度使用，不断压抑自己心中的欲望或动机，且以相反的行为表现出来，轻者不敢面对自己，而活得很辛苦、很孤独，重者将导致严重的心理困扰。在很多精神障碍患者身上，常可见此种防卫机制被过度使用。

7. 过度代偿

过度代偿又称过度补偿，是指一个人因有生理或者心理上的缺陷或不足，而设法发展另一个方面的长处，从而证明自己的能力和存在价值，这是一个意识或无意识的过程。如有些残疾人可以靠惊人的努力而变成世界著名的运动员；有些口吃者可成功地变成一位说话流利的演说家。

8. 升华

升华是一种最积极的富有建设性的防御机制。因为它可以把社会所不能接受的性欲或攻击性冲动所伴有的力比多能量，转向更高级的、社会所能接受的目标或渠道，进行各种创造性的活动。从文学家的一些著名创作，如歌德的《少年维特之烦恼》等中，可见到升华机制的作用。这是把本能，主要是性能量转移到一个有社会价值的对象或目标上去。

9. 幽默

幽默是指一个人受到挫折或者身处逆境时，用幽默来缓解紧张气氛，放松情绪，以维持心理平衡。它没有个人的不适，没有不愉快地影响别人情感的公开显露，是一种积极的防御机制。

10. 认同

认同是指无意识中取他人（一般是自己敬爱和尊崇的人）之长归为己有，作为自己行为的一部分去表达，借以排解焦虑与适应的一种防御手段。如孩子在做作业遇到困难时常说"我要学习解放军叔叔"，从而有力量和信心把作业坚持写下去。

二、自我防御机制对殡葬心理的影响

防御机制是对实际状况的歪曲，而且是无意识进行的。如果长期运用，个体的功能会受到严重影响，当情况恶化时需要建立更极端的防御，因此逃避了真实的应对。如某些人会否认他爱的人去世这一事实，用保存逝者的物品或把屋子保留成逝者生前的样子来幻想其存在；或为自己的不合理行为找出"好的理由"，认为自己的爱人仍然生活于世。总之，在殡葬活动中运用一些防御机制是常见的，如果它们成为对不愉快的内部或外部现实的典型反应，则可能会损害有效的功能。

小　结

我们可以从精神分析学理论、生理学理论、需要层次理论和自我防御机制理论四个方面，对与殡葬活动相关的心理发展方向进行分析，阐述人的殡葬心理的变化特点，解读各种理论对殡葬心理所产生的影响。

一是精神分析学理论。它帮助人们对自己的心理状态有所领悟和了解，洞察自己适应困难的反应模式，进而能改善心理行为并作为及时处理困难的方式，走出情感困境。

二是生理学理论。它从心理活动和行为习惯两个方面告诉我们：有意识的心理活动以及对外界刺激的认知、评价，是有机体生理机能的主动调节者，是导致疾病或促进健康的关键因素；人习惯的生活方式发生改变又难以建立新的习惯时，人会难以面对改变，逐渐累积，便形成了严重的心理问题，甚至是死亡。

三是需要层次理论。人们在满足最低层的生理需要的基础上，开始追求更高层次的需要。比如，人们不再只满足于"入土为安"的形式，而是进一步追求与时代要求相符合的精神层面的需求，包括家属通过个性化的殡葬活动来表达自己对逝者的怀念和追思等。

四是自我防御机制理论。防御机制是对实际状况的歪曲，而且是在无意识中进行的。如果长期运用，个体的功能会受到严重影响，当情况恶化时，需要建立更极端的防御，因此逃避了真实的应对。

知识拓展

西格蒙德·弗洛伊德介绍

西格蒙德·弗洛伊德1856年出生于奥地利摩拉维亚（现属捷克）的弗莱堡市的一个犹太家庭。1873年，他进入维也纳大学医学院。在大学期间，他曾做过布伦塔诺和布吕克的学生，在学习生物学、医学、病理学、外科手术等课程上花了大量的时间。1881年3月，他获得了医学博士学位。

作为一个治疗精神疾病的医生，弗洛伊德创立了一个涉及人类心理结构和功能的学说。他的观点不仅在精神病学，也在艺术创造、教育及政治活动等方面得到广泛的运用。弗洛伊德学说的主要论点已被后人修正、发展。人们认识到，人类的行为不仅由性欲所支配，社会、经济因素对人格的形成，人的教养对其本性也都起着作用。虽然弗洛伊德学说一再受到抨击，但这丝毫无损于他的形象。他以卓绝的学说、治疗技术，以及对人类心理隐藏的那一部分的深刻理解，开创了一个全新的心理学研究领域。由他所创立的学说，从根本上改变了对人类本性的看法。

他强调人的行为中的无意识思维过程极为重要，并证明了这样的过程如何影响梦的内容。精神分析学派创始人弗洛伊德对心理学做出了很大贡献，用简短的文字很难全面概括。感兴趣的学生可以自行搜索相关资料进一步学习。

思考练习

1. 指出不同学派的精神分析学理论对殡葬心理的影响。
2. 总结自我防御机制的内容，阐述不同的自我防御机制对殡葬心理的影响。

第三章 社会群体的殡葬心理

本章课件

学习目标

了解社会群体常见的殡葬心理概念；掌握社会群体常见的殡葬心理类型的特点；掌握异常殡葬心理的类型和应对方法，并能够根据其表现形式进行判断；掌握殡葬活动中的禁忌心理特点，更好地为社会群体服务。

每个人都有自然和社会双重属性，每个人既是自然人，又是社会人。从出生到老去，在一定的家庭、学校和社会环境中，在朋友、亲人的影响下，人们会逐渐形成自己的认知、观念。因此，不同的人对殡葬以及殡葬行业存在不同的看法，并会形成自己独特的心理反应。人不管是在自己的家庭中还是在他人那里遇到殡葬事件，都会用自己已形成的认知观念去看待、感悟殡葬事件。

第一节 社会群体的心理现象

在我们周围的环境中有各种各样的现象，如日月交替、海水涨潮、风暴来袭、风土人情、社会准则等。它们有的属于自然现象，有的属于社会现象。

人的心理现象是自然界最复杂、最奇妙的一种现象，同时人又以个体的形式存在于社会中组成社会群体，进而带来各种社会现象。

一、个体心理

个人所具有的心理现象称为个体心理。个体心理异常复杂，概括起来可分为认知、动机和情绪、能力和人格三个方面。

1. 认知

认知是指人获得知识或应用知识的一个信息加工的过程。它包括人的感觉、知觉、记忆、思维和语言等。人获得知识或应用知识的过程开始于人的感觉和知觉。人在大脑中总结经验、认识事物，揭露事物的本质及其内在的联系和规律，形成对事物的概念，进行推理和判断，解决面临的问题。人还可以通过语言进行交流，表达自己的感情，接受别人的经验等。当人悲伤时可以倾诉，也可以隐藏自己的感情，这来自不同的认知观念。

2. 动机和情绪

人的认知和行为是在动机的支配下进行的。动机解释了人们这么做的原因。为什么亲人离世会悲伤、朋友离世会难过，这些现象都来自人们的动机。动机的基础就是需要，同样一件事对于不同的人来说，其需要不同，动机也就不同，情绪反应也是不同的。

3. 能力和人格

每个人获得知识和应用知识的过程中，理解不同，接受能力不同，展现出的能力和人格特点也是不同的。个体的心理也会受到能力和人格的影响，对待相同的事件或人产生不同的心理反应。

总之，认知、动机和情绪、能力和人格是个体心理现象的三个重要方面，是不可分割、相互联系、相互依存的。个体感受某事件，认识某事件，在认识的过程中逐渐展示自己的能力，形成自己的人格特点，根据自己的需要产生动机，产生不同的情绪体验。

二、个体社会心理

1. 人的社会化

一个人从出生到老去，要经历一系列特定的成长过程。社会心理是研究人在社会化过程中的心理发展变化及其受到的各种社会环境因素影响之间的关系。例如，家庭、学校、社会道德、风俗习惯等对人的心理或行为的影响。人的社会化包括政治社会化、法律社会化、道德社会化等。人作为社会群体中的一员，受到社会环境因素的影响，形成其独特的社会化特点，这些特点又不断地影响着人对殡葬事件的心理反应，以不同的行为方式展现出来。

2. 自我

人受到各种社会环境的影响形成的独特的意识表现可以归纳为自我意识，也就是说，同一个事件或同一个人对不同的人的影响是不同的，表现也是不同的。自我意识的形成并不是一成不变的，它可能会受到社会环境的影响而发生改变。

3. 社会认知

社会认知主要是指对他人的表情、性格以及人与人之间的关系等的认知。社会认知的过程会受到认知者过去的经验、教育和对事件的分析的影响，又必须通过认知者的思维活动进行加工。比如，要想和一个人交朋友，我们会对他进行认知，了解他的性格、能力、品质、行为特点等。对一个人越了解，认知越深刻，受到他的影响会越大，这将为我们的行为找到原因。

4. 社会态度

人对社会中种种事物和人的态度，是社会心理活动的重要内容，也是人产生种种行为的原因。社会态度的特点包括：内隐性，态度本身是无法直接测定的，是通过人的行为表现间接推断的；方向性，态度一般具有赞成或反对的方向特点，并具有程度的差异，同时也存在态度的中间性；统一性，构成态度的认识、情感和行为三种成分，彼此协调，相辅相成；复杂性，在一定条件下，态度并不是经常表现得与行为相一致；稳定性，在一定时期内，态度是相对稳定不变的。

三、个体社会心理现象与社会行为

弗洛伊德认为："人的一切行为背后都有其潜在的驱动力。"也就是说，人的行为背后都会受到心理的支配。心理现象是看不到、摸不着的，而行为是外露的，人们可以通过行为来表达自己的心里所想，所有的行为背后都有其内在的原因。

行为不同于心理，但又与心理有着密切的联系。引起行为的刺激常常通过心理的中介而起作用。人的行为的复杂性是由心理活动的复杂性引起的。相同的刺激可能引起不同的反应，不同的刺激也可能引起相同的反应。其原因在于人有丰富的主观世界，主观世界不同，对同一刺激的反应也常常是不一样的。俗话说："饿时吃糠甜如蜜，饱时饮蜜蜜不甜。"有机体的内部状态不一样，对同一事物的反应也可能不一致。因此，不理解人的内部心理过程，就难以理解人的外部行为表现。

第二节 社会群体常见的殡葬心理

社会群体是人们通过一定的社会关系结合起来进行活动的共同体。社会群体也是构成社会的基本单位之一。每一个群体具体体现了个人与个人之间、个人与整个社会之间、社会群体与群体之间的某些特定的相互关系。它广义上指一切通过持续的社会互动或社会关系结合起来进行共同活动，并有着共同利益的人类结合体；狭义上指由持续的社会交往联系起来的具有共同利益的人群。本节中主要介绍的是与殡葬有关的社会群体。

一、社会群体常见的殡葬心理概述

人们在日常的工作和生活中，会不可避免地遭遇死亡事件。死亡现象异于生存现象，这是一个简单的常识。每个人面对死亡事件时必然会有不同的心理反应和行为表现。

（一）社会人的殡葬心理特点

由于社会人对殡葬工作不了解或受社会偏见的影响，对殡葬会产生一种神秘感甚至恐惧感。如家中有丧葬活动时，一般都不愿让家中孩子参与，认为孩子身体弱，不宜到墓地或是殡葬活动场所。

社会人的殡葬心理构成一个社会有关殡葬心理的氛围，它是一个社会进行殡葬活动时的大众心理环境背景。不同的心理反映出不同的行为，也可通过人们面对殡葬事件的不同反应来分析人们的心理现象。

（二）丧户的殡葬心理特点

丧户是逝者的直系亲属（如父母、子女、配偶、孙辈等）以及逝者的旁系亲属（如宗亲、姻亲等）所组成的一个社会群体。当死亡事件发生后，丧户会围绕着逝者展开一系列的活动，他们与逝者的关系不同、感情不同，会怀着不同的心理状态去面对这一系列活动。因为丧户与逝者有直接或间接的血缘关系，还有不同程度的物质、感情、精神、利益上的依赖或共存关系，所以会根据其心理需求产生悲痛、恐惧、依恋等表现。

丧亲对任何人而言都是一种严重的打击。丧亲者一般都会经历否认与隔离、愤怒或抑郁、接受事实、宣泄悲痛、释然五个步骤。丧亲者不愿相信自己最爱的人、最亲的人就这样离开人世，否认丧亲的事实，以回忆来掩盖现实的痛苦。当否认与隔离掩盖效能消失后，现实的冲击让丧亲者的痛苦重新浮现，强烈的情绪从内心反射出来，以愤怒的形式表现出来。当亲人离开时，丧亲者会回忆以前的点滴，这让丧亲者陷入难以自拔的自责和愧疚之中，自责和懊悔充斥着丧亲者，他们会出现情绪低落、失眠等抑郁状况。无论丧亲者如何归因，最终都要接受亲人离去的事实，并通过痛苦、哀悼等方式宣泄自己心中的悲痛。随着时间的推移，丧亲者慢慢从悲痛中走出来，重新开始生活。

（三）殡葬行业相关人员的心理特点

1. 殡葬专业学生的心理特点

殡葬专业学生是指殡葬相关专业的在校学生，也是即将从事殡葬工作的专业人员，同时也包括社会殡葬行业培训机构的殡葬专业的学生。不管是哪类学生，他们的心理都有一个共同点——对殡葬行业充满好奇，对未知的工作有一定的恐惧。

2. 殡葬行业从业人员的心理特点

殡葬行业从业人员是职业的治丧社会群体，他们长年累月地从事与殡葬行业相关的工作，如遗体火化师、遗体防腐整容师、殡仪服务员等，终年见到逝者亲朋好友的悲伤与痛苦、不舍与遗憾，听到逝者亲朋好友的悲泣声、治丧的哀乐声。部分从业人员最开始会伴有感同身受的哀伤、痛苦，之后慢慢地适应，久而久之会麻木。同时，因为部分殡葬行业从业人员天天直面死亡，容易产生对死亡的恐惧感。

殡葬心理是不同人群对待殡葬行业产生不同的观念和认知的心理现象，同时，一定的殡葬观念产生一定的殡葬行为。殡葬行为是殡葬心理通过殡葬观念的中介而产生的外在表现，有时内外一致，有时则是扭曲的表现。一般而言，殡葬心理是隐藏得比较深的东西，一般研究的是其中较浅显的部分。

二、社会群体常见的殡葬心理类型

殡葬是一个特殊的行业，具有相对的封闭性，与其他行业交往较少。从过往来看，其从业人员的文化素质相对较低，因而社会上对殡葬行业及从业人员形成了一些传统的非良性的心理。同时，社会群体对殡葬行业也有不同的看法和理解，也会产生不同的心理状况。

1. 永恒心理

永恒心理是人们希望自己永远存在的一类心理状态，它源于人类对生命激情的冲动。人希望自己永远存活在这个世界上，被人们记得。当人的生命即将终结的时候，就会产生害怕、恐惧的心理，因此就会找各种各样的方法去改变生命终结的事实。

2. 归宿心理

归宿心理是人们在精神上的一类具有终极倾向的依归需求。原始人认识到，天黑了，鸟归巢，兽回窝。人不管走到哪里，最后都要"落叶归根"。殡葬活动中的归宿对逝者而言有两个含义：一是精神层面的归宿，如民间所谓的"头七"；二是现实层面的归宿，如有人认为客死异乡的逝者遗体一定要运回出生地或生活的地方，也就是回到自己的家中，这样逝者才会安息。

丧户也存在归宿心理。在丧事中，丧户能够从宗亲、邻里、朋友等那里得到帮助，能够感觉到亲情的温暖、友情的支持，能够感觉到心理上的归属。归宿心理具有安定人心的作用。

3. 投射心理

投射心理是指人们将自己的思想、情感、感受等，不自觉地反映于外界事物或者他人的一种心理。人们常常不自觉地将隐藏在内心的冲突和欲望融入生活的点点滴滴，用自己的行为宣泄出来，甚至将自己的内心世界投射于虚无的故事或事物上，以此来发泄心中的不安与恐惧。

4. 回避心理

部分人对殡葬活动、殡葬实物、殡葬语言乃至碰触与殡葬行业有关的事物，如花圈、纸扎、纸钱等都怀有一种忌讳、回避的心理。

5. 歧视心理

由于殡葬行业是与遗体打交道的行业，长期以来，殡葬从业者文化水平偏低、殡葬行业设施落后、殡葬市场信息不对称等，造成并加剧了社会上对殡葬行业的歧视心理。人们认为殡葬行业工作的地方不吉利，而殡葬行业的从业人员也被人们看不起，甚至被人歧视。这种错误观念一代代传递，变成了社会的传统观念，一时很难改变。

6. 权力心理

部分人会通过支配新的事物来满足自己的支配欲望，满足自己的权力。例如，中国传统的殡葬模式中，若有人家中长辈去世，必告知四方亲友，请亲友来祭之，丧葬仪式越是隆重，来祭悼的人越多，社会影响力越大，证明丧户的权力越大。随着时代的发展更替，"隆丧厚葬"已被逐渐取代，"权力"已不再是人们关注的重心，现代社会趋于注重小型化、简约、环保、个性化的丧葬仪式。

7. 怀旧心理

怀旧心理是指人们怀念人或事物的一种心理现象，同时也可通过物来代替已不在的人，也可以说是睹物思人。逝者的离去会带来家属的不舍与悲痛，家属可以通过保留逝者的物品来怀念逝者，感觉逝者就在自己的身边陪伴自己。现在社会中，除了保留逝者部分有纪念意义的物品之外，还可以留存逝者生前录下的音容笑貌，让家属可以时常怀念。

8. 自责心理

自责心理是指人们自我责备的一种心理现象。本节中的自责心理是指家属认为自己对已故的人没有尽到应尽的义务，而产生自我责备的一种心理状态。人们认为在逝者生前没有尽到自己做子女、做朋友应尽的义务，在逝者最后的阶段没有陪伴逝者，没有见到逝者的最后一面，没有完成逝者生前的嘱托等，而产生了一种愧疚感、自我责备感。例如，现代社会的人们工作忙碌，为了多赚钱，过年过节不回老家，没有时间陪伴父母，到父母临终前可能也无法再见几次面。一首《时间都去哪儿了》唱出了父母的需求、年轻人的无奈，告诉人们不要留下遗憾和愧疚。

9. 期待心理

期待心理泛指人们对未来未知的某个时刻或事物产生的一种憧憬和向往的心理状态。但在本节中的期待心理是指一部分特定人群（包括临终者和有规划想要设计自己殡葬事宜的人群）对自己未来的殡葬活动产生憧憬的一种心理现象。比如即将离世的人由最开始的否认，到最后的接受、看淡死亡，有人会希望举行离世前的告别仪式，由即将离世的人与亲朋好友共同参加，彼此分享自己的不舍、依恋和悲伤等情绪。

三、社会群体常见殡葬心理产生的原因

由于人们对死亡事件理解有差异,以及对殡葬行业特性不甚了解,因此面对死亡事件和殡葬活动时会出现各种各样的心理问题,甚至会走进封建迷信的心理误区。这主要有以下几个原因。

(一) 人格特点

世界上没有一模一样的人,每个人因为生长环境、遗传因素不同,而形成了其独特的人格特点。而意志不坚定的人总是容易受到暗示,从内心忌惮死亡,排斥殡葬行业,不愿与从事殡葬工作的人交往。大多数人独立、自信,对生死的看法比较理性,不相信鬼神之说,也不排斥与殡葬相关的事与人,认为死亡是人的自然进程,认为殡葬行业是非常平常的一个行业。

(二) 环境因素

1. 家庭教育

人从出生开始遇见的第一任老师就是自己的父母。家庭的教育方式决定了孩子的成长方向。父母潜移默化的言传身教,影响着孩子对死亡和殡葬行业的看法。如父母是无神论者,相信科学,了解生死论,孩子一般也不会排斥与殡葬相关的人与事;但如果父母的思想观念保守,认为与殡葬工作者接触是不好的,那么孩子就会对此很排斥。

2. 学校环境

人在一生中除了从父母的身上学习之外,最重要的就是在学校学习知识。人们通过学习科学知识,正确地看待死亡,理性地看待殡葬行业。比如,了解遗体防腐整容师可以为逝者修复面容,让他们有尊严地离去,就会从内心多一份对殡葬工作者的敬意。

3. 社会环境

步入社会中,人们会接触到形形色色的人,且会受到不同人的观念的影响而形成从众心理,在自己的知觉、判断、认识上表现得应合公众舆论或多数人的行为方式。社会中相当一部分人对死亡的理解有偏差,对殡葬行业存在偏见,因而

缺乏主见。易受暗示的人容易不加分析地接受大部分人的意见并形成"知其然而不知其所以然"的现象。

除以上原因之外，身体的疾病、心理的异常都是产生殡葬心理的原因。

第三节　社会群体异常的殡葬心理

与正常心理现象相对应的是异常的心理现象，主要是指心理异常、行为异常、心理障碍、精神障碍、心理问题等。本节主要阐述社会群体针对殡葬相关的人或事所表现出来的异常的殡葬心理类型及其应对方法。

一、异常殡葬心理的区分标准

判断一个人是正常还是异常状态是一件不容易的事情，只有掌握了区分标准，才能很好地界定异常心理，进而尽早地介入，帮助求助者恢复健康。

首先，分析求助者是否因躯体症状引起异常行为；其次，根据区分正常与异常心理的原则，分析求助者自知力及有无精神病性症状，并需要与精神病性问题相区别，分析其是否受到诸如心理因素、生理因素、社会功能状态等影响而产生异常心理；再次，分析求助者的内心冲突类型；最后，确定求助者心理问题的持续时间，以及对心理、生理和社会功能影响程度。同时，可在治疗初期对求助者使用相应的测量量表，以起到参考作用。

二、异常殡葬心理类型和应对方法

（一）恐怖症

【案例】

小张生活在一个普通的农村家庭中，父亲因车祸意外而离世。他生活的村子有一个习俗，逝者的遗体必须要在家中停放三天，同时直系子女要在灵堂守满三天，旁系亲属或好友可以在这三天中来祭拜逝者。小张作为逝者的儿子被要求守灵堂。第一天夜里，小张总是感觉父亲就在自己的身边，总是想起父亲

> 出车祸时的面容。小张身上出现颤抖、出虚汗等症状,后因过度恐惧而昏厥。第二天,小张醒来后不敢去灵堂,一到灵堂身体就止不住地颤抖、出虚汗。

恐怖症又叫作恐怖性神经症,是最常见的异常心理现象,是指对某种特定的事物或情景产生焦虑和害怕,并且这种焦虑和害怕是过分的、不应该的或不合理的,但是自己又控制不了的一种心理现象。恐怖对象包括特定的场景、特殊的事物或人群,患者每当接触这些恐怖对象时就会产生过度焦虑和害怕的内心体验。患者神志清晰,明知道自己这种情绪体验是不合理的,但无法控制自己,并且产生回避行为。只要患者脱离恐怖场景,症状就会逐渐减缓和消失,但是回到恐怖场景中还会产生恐惧情绪。如果不予治疗,症状会越来越严重,直至控制不了自己的恐惧情绪,致使正常的生活受影响或社会功能受损。

1. 临床表现

临床表现主要为,对存在或预期的某种特殊物体或情景的不合理恐惧,包括对花圈的恐惧、对遗体的恐惧等。患者在接触特殊的恐怖物体或情景时会产生焦虑情绪,甚至会出现惊恐发作、心跳加快、出汗、头晕等躯体症状。患者通常有回避恐怖情景的情况发生,患者回避恐怖情景的难易程度决定了他的社会功能受损程度。如患者有花圈恐怖症,只要避免去花圈出现的地方即可,其所受的影响较小;如患者有遗体恐怖症,则不能去医院、殡仪馆或是曾摆放过遗体的地方,否则其所受的影响就较大。

2. 应对方法

(1) 行为治疗

在对恐怖症的治疗中,比较有效的方法是行为治疗法。目前较常用的为系统脱敏疗法或暴露疗法。系统脱敏疗法是通过学习放松方法,建立恐怖等级,让患者能够一层一层击破自己所害怕的情景,能够真正地摆脱所害怕的情景。在治疗的过程中要求患者对每次训练做好记录,便于患者看清楚自己的进步和变化,使治疗发挥更大的作用。暴露疗法是让患者循序渐进地暴露在引起其焦虑、害怕的刺激中,使患者对恐怖性刺激的敏感性逐渐降低直至消失。

(2) 药物治疗

对于恐怖症患者来说,药物治疗主要起到辅助作用,用于缓解患者的焦虑情绪或抑郁情绪。只是以药物来治疗恐怖症的话效果欠佳,也不易根治,在恐怖场景下患者容易"复发",甚至可能会加重病情,因此在用药治疗的同时还要配合行为训练。

(二)抑郁症

【案例】
张先生是某殡仪馆的一名司机,主要负责去逝者家中或医院接遗体到殡仪馆。一个月前张先生的母亲因病去世后,他经常一人独处,听到丧户悲恸的哭泣声会不自觉地掉眼泪,有时看着遗体会发呆,同事问其原因,他也不愿说话。张先生自小父亲去世,母亲一手把他拉扯大,母亲走了,现在只剩他一个人了,他每天不知道为什么活着。

抑郁症又称为抑郁障碍,是以持久的心境低落为主要特征的一种心理障碍,常伴有焦虑、悲观、郁郁寡欢等心理现象,严重者会有自杀倾向。

1. 临床表现

对于失去亲人的家属来说,特别是直系亲属,经常会出现抑郁情绪,有的甚至出现长期的严重的抑郁障碍,经常感到伤心、压抑、绝望、郁闷或是沮丧,难以接受亲人离世的事实,割舍不了与逝者的关系,常常怀念逝者存在的日子。例如,老年丧子、丧女的人没有办法面对子女的离世,经常认为子女只是出远门了,还会再回来;甚至有的人会出现幻听、幻觉等现象,认为子女依然和他们在同一屋檐下生活,明知道子女已离世但是不愿意接受现实,无法走出幻境。部分患者会把亲人离世的原因怪在自己身上,认为是自己没有照顾好逝者,而出现悲观、厌世等情绪,对生活失去信心。部分患者认为自己没有经常陪伴逝者,或是因逝者弥留之际没有陪在身边而有所遗憾,会经常回忆与逝者相处的情境而难以自拔。患者常夸大自己的缺点,自卑、自责,有内疚感,无法集中注意力,无法正常吃饭、睡觉,甚至出现自杀倾向。

对于个性内向和长期受压抑的殡葬从业人员来说,如果得不到家人的支持、亲友的理解,而且同事之间相处不和谐,社会人士歧视与排斥,自己又不能够正确认识工作的意义而不去接受它、认可它,就会产生抑郁情绪。轻者闷闷不乐、兴趣减退、生活被动,不想做事,不愿与周围人接触与交流,并伴有睡眠障碍、食欲减退等症状。此类患者通过暂时远离工作环境、自我反思和疏导、与他人沟通等方法能够正确对待自己的工作,并能够调节好社会人际关系,即可恢复正常。重者痛不欲生、悲观绝望、度日如年、思维缓慢，不愿与人接触，闭门独居，学习困难，并伴有躯体不适等症状。此类患者的治疗需要以药物为辅、心理治疗为主的方法，适应其工作环境，甚至有的患者可能需要考虑另择职业。

2. 应对方法

（1）药物治疗

主要用于中重度抑郁发作的治疗，在医生的正确诊断和指导下，患者可服用药物来缓解病情。

（2）心理疗法

对明显由于社会因素引起抑郁症的患者，在药物治疗的同时常需配合心理治疗。常用的治疗方法包括支持性心理治疗、认知行为治疗、人际沟通疗法等，其中支持性心理治疗对抑郁症患者有着良好的作用。悲伤辅导专业人士、心理咨询师或社会工作者应帮助患者和其家属正确面对他们的症状，改变他们的错误认知，配合医生的治疗。精神因素尚未消除者，宜继续观察与治疗。抑郁障碍的患者会伴有自杀想法，应予以重视，并采取恰当的措施，加以防范与监管。

（三）焦虑症

【案例】

李先生退休前为殡仪馆高级火化师，干了35年火化工作，退休后单位领导邀请他协助完成新进火化炉的安装与调试，他认为领导看重自己，还能为单位发挥余热，不能让同事们看不起。因此，近三个月来他每日加班加点拼命赶工，查找资料，心力交瘁。近三天，他突然感觉心慌，手脚发冷，偶有惊恐感，去医院检查，心内科排除了心脏病的可能。

焦虑症又称为焦虑性神经症，是以焦虑情绪体验为主要特征的一种常见的神经症，可分为慢性焦虑症和急性焦虑症两种形式。主要表现为：无明确客观对象的紧张担心，坐立不安，还有头昏、胸闷、心悸、呼吸急促、口干、尿频、尿急、出汗、震颤等植物神经症状和运动性紧张。患者的焦虑情绪并不是由现实的刺激因素所引起的，其紧张不安与恐慌程度也与现实处境很不相称。女性的患病率要高于男性。

1. 临床表现

（1）慢性焦虑（广泛性焦虑）

在没有明显的诱因的情况下，患者出现了与现实不符的过度紧张和担心，这种紧张、害怕常是没有明确的对象和内容的。患者感觉自己一直处于紧张不安、提心吊胆、恐惧、忧虑的内心体验中，同时伴有头昏、胸闷、心悸、呼吸急促、口干、尿频、尿急、出汗、震颤等躯体症状，以及坐卧不安、烦躁等运动性不安。

（2）急性焦虑（惊恐发作）

在正常的日常生活中，患者几乎和正常人一样，但一旦受到特定场景刺激就会发作，患者会突然出现极度恐惧的心理，体验到濒死感或失控感。发作开始突然，发作时意识清楚，同时会伴有胸闷、心慌、呼吸困难、出汗等躯体症状。因焦虑属于心因性病症，在医院通过对躯体检查是没有办法进行明确诊断的，往往极易误诊或是延误病情。

在殡葬工作者中，急性焦虑症状较少，慢性焦虑症状较多。这种慢性焦虑症状主要来源于行业的特殊性、工作的竞争压力、社会的职业偏见、亲朋邻里的议论和自身的神经质人格倾向。有的殡葬工作者在工作过程中表现为服务态度差、脾气大、工作经常出现差错或工作质量差，无缘无故头痛、头晕、烦躁不安，变得难与人沟通甚至逃避与人沟通等。这并不能说患者不爱本职工作，或素质不高、能力不强，有的可能是慢性焦虑症的症状表现。

2. 应对方法

药物治疗对急性焦虑症和慢性焦虑症都有明显效果，但心理治疗也会对减轻焦虑症状起到不容忽视的作用。

（1）心理咨询与药物治疗

在心理医师的指导下，患者每天自行记录焦虑发作的次数、持续时间、症状表现及其严重程度，并自我鼓励，增加治疗的信心；同时遵医嘱服用抗焦虑症药物，以降低焦虑程度，控制惊恐发作，减轻焦虑症状。

（2）心理支持疗法

心理医师设身处地地理解患者的所思所想，耐心倾听患者的诉说，和患者一起分析产生焦虑的原因，制定治疗方法，帮助患者平复紧张心理和因自我强化而导致的恶性循环，使病情得到缓解。

(3) 自我放松训练

患者在心理医师的指导下学会一两种放松训练方法，可以是各种精神松弛或肌肉放松的方法，比如深呼吸放松法、想象放松法、全身肌肉放松或局部（如头部、肩颈）放松法、冥想法等。心理医师要引导和帮助患者改变行为习惯、应对方式等。

（四）癔症

> 【案例】
>
> 小李，女，25岁，某公司文秘。某一天她突然接到母亲打来的电话，当被告知父亲因车祸去世后，她突然号啕大哭，大声喊叫，捶胸顿足，以头撞墙，在多位同事劝阻和拉扯下控制住了自我伤害，但也因情绪激动而昏迷。同事反映小李办事能力强，待人亲和，与同事关系很好，谁有困难都会主动去帮助，从没因任何事情发脾气或失态过。

癔症又称为歇斯底里，是临床及日常生活中常见的精神障碍之一，是患者受重大的生活事件、内心冲突、情感爆发、暗示或自我暗示等影响而引起的精神障碍。癔症的临床症状可表现为精神、神经和躯体多方面功能的异常。此病多发于青壮年，年龄以16～35岁为多见，女性远多于男性。患者的个性多具有爱社交、喜夸张、感情用事和自我中心等特点，常在精神因素的刺激状态下发病。起病急，病程较短，无器质性病变，一般预后良好，亦不留后遗症，但会反复发作；也会因治疗不当而拖延较长时间，影响工作或学习，并对周围人有一定干扰。

1. 癔症的病因

癔症的发病有明显的精神因素，易受到刺激事件影响，如亲人离世、家庭不和、婚姻不幸、工作变故及各种事故，均可能会引起患者气愤、委屈、恐惧、焦虑、痛苦、过分激动，或对患者造成持久的精神刺激，导致癔症的产生。

癔症患者好表现自己，想做中心人物，为此会采取异常行为，喜夸张、爱表现，同时又很肤浅、幼稚，易受暗示，爱幻想。他们的行动常常夸张和戏剧化，有的时候分不清幻想和现实，以致弄不清楚自己是在幻想里还是在现实中，容易给别人一种虚假和演戏的印象。

2. 临床表现

(1) 集体性分离障碍

某殡仪馆新来了一位职工，大家为其办了一个欢迎仪式，开玩笑装鬼吓唬他，该职工因被吓到而出现了癔症现象。但在之后的三个月中陆续有四名同事都出现了癔症现象，有时伴有突发性的抽搐或突然倒地昏厥。这是典型的集体性分离障碍，开始是一人发病，周围的人受到感应后通过自我暗示与相互暗示在短期内暴发出与首发患者相似的症状，往往以躯体症状为主，病情间歇性存在。癔症发病可能受迷信、传言或不科学的解释的影响，以及恐惧、紧张的心理影响，患者易接受暗示和自我暗示。可见，某些精神疾病也是具有"传染性"的，这些患者往往具有相同或相近的文化背景和生活环境。其中性别也是一项影响因素，女性比男性易被"传染"。

(2) 癔症性附体障碍

癔症性附体障碍是在封建迷信、宗教的背景下产生的较为常见的但又特殊的癔症发作形式，偶尔也见于精神分裂症及其他精神障碍。有明显的社会、心理因素诱发的与文化有关的癔症，临床上伴有异常的情绪行为，如突发的大哭大笑等。患者好感情用事，相信鬼神之说，且易受到暗示。在受到强烈的刺激、自我意识出现障碍的情况下，经过自我暗示或受到他人言语的暗示后，患者的说话方式、语调都会改变，讲话内容与患者丧失的内心体验有关。经历数分钟或数小时的暗示治疗后，患者可恢复其自身身份，发作过后部分记忆缺失。

(3) 疏离综合征

个别长时间从事殡葬工作的人，尤其是经常看到逝者的人，慢慢会发现郁郁寡欢的自己和以前阳光开朗的自己是不同的。患者觉得自己并不是自己了，仿佛成为另外一个人，或另外一个人顶替了原来的自己。这种现象叫疏离综合征，在临床上可表现为对自我和对周围环境的疏离两个方面。表现为对自我的疏离称为"人格解体"，表现为对周围环境的疏离称为"现实解体"，或称为"非真实感"。具体表现为：初始头部异常，有沉闷感，昏昏沉沉，患者感觉他的思想已不属于自己，控制不了自己的身体与行为，尽管如此，患者还能意识到他确实存在，感觉到自己，只是这种理性的认识已与整体的感受相分离了。这种疏离体验也可以是针对身体或身体的某一部分，患者会失去对身体的信任，感到身体的运动不由自主，胳膊或腿不属于自己，虽然他确实知道胳膊或腿是自己的，能够感觉并活动它们，但自我体验感丧失。

3. 应对方法

（1）支持疗法

其第一原则就是医生要为患者提供其所需的心理支持，包括同情、体贴、安慰与鼓励，以帮助患者渡过难关、摆脱困境，并从中掌握处理和解决问题的能力与方法。此时，医生应帮助患者认识疾病，将本病的有关知识教给患者，使患者能正确认识癔症。告诉患者这是一种神经活动的暂时性失调，预后良好，不会留下后遗症和残疾，以解除患者的紧张和思想负担，树立治愈疾病的信心。

（2）暗示疗法

这对癔症有突出的疗效，暗示对癔症的发病和治疗都具有特殊意义。暗示可以是纯语言的，也可以是治疗性暗示。治疗师通过言语暗示，诱导和解释癔症症状产生的原因，进而有效地控制患者的心理状态，减轻症状表现。治疗性暗示是指治疗师通过"安慰剂"对患者进行治疗，配合言语暗示，使癔症患者的症状减轻或消失。也就是说，不管是言语暗示还是治疗性暗示，都不是单一治疗的，需要两种方法相互配合。通过言语暗示，再配合适当的理疗、针刺或按摩，即可取得良好的效果。但是对病程较长、病因不明的患者，需要借助药物或语言催眠疗法，消除患者的心理阻力，才能取得良好的效果。

（3）催眠疗法

患者在催眠的状态下会失去意识的抵抗，治疗师引导患者正确认识和对待疾病的精神因素，认识疾病的性质，帮助患者分析个性存在的缺陷以及克服个性缺陷的途径和方法。该疗法适用于除癔症性精神病发病期之外的各型癔症。

（4）精神分析疗法

癔症的发作常伴有潜意识的作用。采用精神分析疗法进行治疗，可帮助患者寻找自己的无意识动机，使患者正确地认识到人的所有行为都是有原因的，只有找到原因所在才能对症下药解决问题。如通过精神分析把患者潜意识里的动机、需要、痛苦和困难显露在意识层面，患者能够去面对并解决困境，癔症也就会自然消失。

（5）药物治疗

药物治疗必须遵照医嘱。大多数情况下药物治疗是不必要的，或只能短暂地使用。但有的时候可以借助药物来帮助患者控制病情和安定情绪，如在患者情绪特别激动的情况下、行为有明显紊乱与失控时，可酌情使用抗精神病药物，使患者深睡。许多人醒来后症状会减轻。

(五) 酒精成瘾或药物依赖

【案例】

> 小张，26岁，去年放假与女朋友一起开车出去玩，因为一场意外女朋友离世，自己重伤住院两个月。康复回家后经常能想起自己的女朋友，感觉自己的伤口还没有好，去医院就医说自己伤口痛。医生为其开去痛药物，吃药一周后没有好转，随即自行加大药量，若不吃药即会感觉烦躁不安、焦虑、饭不知味、食欲下降。小张因药物过食呕吐而晕倒，被送往医院，诊断为药物成瘾。

对于失去亲人的家属来说，不知道如何去宣泄心里的悲伤与痛苦，部分患者就会选择用酒精或药物来麻痹自己，产生依赖性以致上瘾。因此，不管是酒精成瘾还是药物依赖，都与精神健康有着密切联系。在存在精神问题的人群中，酒精成瘾或药物依赖的总发生率要较普通人群高两倍以上。

1. 临床表现

（1）酒精成瘾

酒精成瘾患者对酒精的渴望就像人对食物或水的需求一样强烈。酒精成瘾病因不明，在酒精成瘾者身上常可见某些人格特征，如抑郁、焦虑、强迫症、敌意和自毁冲动等。一般临床表现为：饮酒量逐渐增加；较长时间不饮酒就会产生渴望饮酒的心理；没有及时喝到酒就会产生缺失感、烦躁感，甚至出现抽搐、震颤、痉挛等神经精神症状。如果及时饮酒，则会有满足感、舒服感，上述症状会迅速改善，这种症状称为戒断症状。

（2）药物依赖

又称为药物成瘾，指带有强制性地使用与觅求某种能够影响人的情绪、行为，改变意识状态，并有致依赖作用的一类化学物质。人们使用这些物质的目的在于获得或保持某些特殊的心理、生理状态。许多对药物产生依赖的个体还同时存在着躯体或生理依赖，一旦停止服药，不久就会产生一系列轻重不等的生理反应，即药物的戒断症状。主要表现在：耐受性的提高，长时间的用药使患者的身体对药物产生抗药性，要不断加大药量才能够满足用药者的需求；躯体依赖，患者逐渐适应药物在生理机能上的状态，一旦停止用药将会根据患者对药物不同的依赖程度出现相应的戒断症状；戒断综合征，指患者在停药后或当药效被拮抗剂对抗时所发生的生理改变。并非所有的药物依赖都伴有躯体依赖。

2. 应对方法

（1）酒精成瘾的应对方法

一是戒酒。对于酒精成瘾的患者而言，要区分成瘾是心理引起的还是习惯使然，找到原因对症"下药"。如果患者长时间的饮酒已对身体造成严重伤害，就需要住院戒酒。根据患者对酒的依赖和中毒程度灵活掌握戒酒的进度，轻者可尝试在亲属的监管下一次性戒断，严重的患者应采用递减法逐渐戒酒，避免产生严重的戒断反应以致危及生命。无论是一次戒酒还是分次戒酒，临床上均要予以密切关注。尤其是戒酒的第一周，特别需要注意患者的体温、脉搏、血压等躯体症状，及时处理可能发生的戒断反应。

二是心理治疗。临床实践证明，行为疗法对患者戒酒有一定的帮助作用。戒酒硫是一种阻断酒精氧化代谢的药物，能造成乙醇在体内聚积。如在服药期间饮酒，可引起患者恶心、头痛、焦虑、胸闷和心率加快等躯体反应，能促使患者建立对饮酒的厌恶反射。

三是药物治疗。在治疗过程中，医生针对患者可能出现的焦虑紧张和失眠症状，可以用抗焦虑药，宜给予能控制戒断症状的最低剂量。如患者出现抽搐、失眠等躯体症状，也可以给予相应药物进行治疗。

（2）药物依赖的应对方法

一是心理疗法。主要采用认知行为疗法，目的在于帮助患者改变导致适应不良行为的认知方式，改变滥用药物的行为方式，提升患者社会技能，强化患者停止或正确用药的行为。

二是支持性治疗。本疗法中除医生支持患者正确面对困境、焦虑、紧张等心理障碍之外，还需要亲朋邻里的支持，帮助患者正确认识自己的处境，树立自信，排解心理问题，共同克服减少用药后产生的戒断症状。

（六）报复心理

【案例】

小王，27岁，母亲因车祸去世。小王在殡仪馆为母亲办理丧葬事宜的时候与工作人员小李发生口角，被家属和其他工作人员拉开，因气不过小李在语言上的冒犯，便同自己的三位朋友在小李回家的路上对其实施暴力，导致小李肋骨骨折住院。后经警察调查，抓到犯罪嫌疑人小王，小王对其所犯暴力行

> 为供认不讳。据警方公布的情况可知，撞小王母亲的凶手已被抓获，而其母亲是在送往医院的过程中去世的。在办理丧葬事宜的时候，小王认为所购买的丧葬服务相关用品的账目不合理，便与工作人员发生了口角，他把心中的所有不满都发泄在小李的身上，才导致如今的局面出现。

每个人都被不公平地对待过，都有被损害利益的时候，都产生过报复心理。可大多数人都会冷静地分析、理智地思考，而没有去实施报复行动。而有的人在报复心理的驱使下，不能控制自己，以致出现了报复的攻击行为。本节中所指的报复心理是指逝者家属在医院救护过程中或与家人的冲突中产生压抑、气愤的情绪而无从发泄，把情绪转嫁到殡仪馆工作人员身上的一种心理状态。

1. 临床表现

当逝者家属压抑的心理得不到宣泄，也不知道如何去表达的时候，往往会以伤害第三方的方式来宣泄自己心中的不满。报复心理及报复行为的存在，使人们因他人行为而利益受损时，会采取相应行为来讨回损失，用激烈的言辞、威胁、暴力行为等方式转移到他人的身上，通过伤害第三人来发泄自己心中的不满与不快。

2. 应对方法

（1）心胸开阔

人生路上不可能总是一帆风顺，会遇到或大或小的挫折和委屈。如果我们总是在意鸡毛蒜皮的一些小事，总是想着伤害我们的人，只会让自己陷入无尽的痛苦之中。俗话说"宰相肚里能撑船"，一个人有开阔的胸襟、宏大的气量、远大的理想，自然就不会在意那些小事，心理承受能力也会不断增强。一些以往看到的很大的委屈与所谓的侮辱也就变得微不足道。这样，报复之心自然就不复存在了。

（2）心理治疗

有报复心理的人一般心胸狭窄、比较偏激，会产生不合理的观念。因此，在心理治疗中主要采用合理情绪疗法帮助患者认识到合理与非合理的事情，能够正视自己的问题所在，不把伤心、害怕等情绪转嫁到无辜的人身上。患者可以通过找知心朋友倾诉、交流，以宣泄心里的悲伤、愤怒情绪，弄清他人对自己的伤害是有意的还是无意的，是客观存在的还是自己主观臆想造就的，并站到对方的位置设身处地地替对方着想，思考自己的报复是否是正确的。经过冷静理智的反思与调节，可使患者心里的报复情绪得到缓解甚至消失。

（3）药物治疗

患者在控制不了自己的情绪与行为对他人造成伤害时，治疗师可以通过对患者注射镇静类药物，帮助患者先行冷静下来。药物治疗主要是起到辅助作用，一般主要以心理治疗为主，极少使用药物治疗。

上述的异常心理状态，并非都是殡葬从业人员的异常心理状态，还包含了丧户的异常心理状态。每个人的性格特点、生活环境、教育背景不相同，因此形成了每个人独特的心理特点。不是每个人都适合从事殡葬行业的工作，根据个人的性格特点、兴趣爱好来选择适合自己的职业是最好的选择。此外，也不是所有的丧户都能够正确面对死亡和悲伤，异常心理不完全都是从外表显现的，也存在于内心而不被他人发现。因此，我们要挖掘潜在的心理特点，才能更好地帮助更多的人解决异常的心理问题。

第四节　殡葬活动中的禁忌心理

禁忌也可以叫忌讳，是自古就有的事。"禁"是指禁止做那些不能做的事。所谓"忌讳""禁忌"，就是因心有所惧而对自己的言与行的一种约束。禁忌是一类否定性的行为规范，即一定的行为是不被允许的。禁忌民俗传承的历史源远流长，不同的社会土壤滋生出不同的禁忌民俗。有的禁忌民俗只存于一定的社会发展阶段，有的禁忌民俗风行于近现代，但仍可在原始人类的生活中找到其踪迹。

随着经济的繁荣、科学文化事业的发展，不少迷信性质的禁忌逐渐被民众抛弃乃至完全遗忘。但一些合乎科学要求的禁忌，必然会以其顽强的生命力、旺盛的传播力，在人们的新生活中继续发挥其积极的作用。

一、禁忌心理概述

所谓殡葬活动的禁忌心理，是指在殡葬活动中人们在心理上忌讳、在言行上规避的心理状况，人们对其有所畏惧、有所敬意、有所厌恶。禁忌不管是在古代还是现代都体现出了一种约束力，人们相信触犯了某种禁忌，将遭到不同形式和不同程度的来自自然、社会或自身的惩罚。随着时代的更替、知识的更新、科学的发展，禁忌已不像以前一样那么"可怕"，除了禁忌内容在不断变化以外，还可以运用科学手段来解释。现代殡葬活动中的禁忌主要是避讳一些当地人的习俗。

二、禁忌的分类

我国古代把丧葬禁忌分为吉凶性和义理性两种。

1. 吉凶性丧葬禁忌

吉凶性丧葬禁忌源于宗教信仰，产生较早。在原始时代，人类认识和抵御自然界的能力十分低下，死亡作为人类面临的最大困惑，一直促使着人类不断地思考。人为什么会死？人死后又要去哪里？死去的人为什么在梦中与自己相会？在困惑和生存本能的驱使下，原始人类对死亡这一自然现象盲目崇拜，并不断地在丧葬过程中给它加上种种禁忌。我国古代的丧葬习俗带有浓厚的迷信色彩，丧葬禁忌便是其中的一个主要方面。

2. 义理性丧葬禁忌

义理性丧葬禁忌来自社会习惯、社会传统和其他社会因素，是指人们自愿或服从的一种心理现象。在我国漫长的历史发展过程中，宗法礼教、等级观念、孝道传承等也渗入丧葬中来，并逐步演变为人人都需要自觉恪守的丧葬习惯和传统，最后成为一种义理性的丧葬禁忌。

我国古代的丧葬过程充满着种种禁忌，既有吉凶性的，也有义理性的，有时两者是交叉的。这些禁忌在古代社会生活中一直占据着重要的位置，成为人们不可逾越的禁规。纵观我国古代丧葬活动，丧葬禁忌贯穿于丧葬活动的全过程。

三、禁忌心理的特点

禁忌是原始社会有力的约束，是此后人类社会中道德、宗教、法律等所有带有规范性质的禁制的总源头。"欲生于无度，邪生于无禁"，"山海有禁而民不倾，贵贱有平而民不疑"，这些话正说明了禁忌的社会功能。

在生产落后、生活贫困及人们不能充分掌握自己命运的条件下，禁忌具有较强的心理作用。人们往往把严格遵守某种禁忌看成是改善环境、遇难呈祥的特殊而有效的手段，因此人们在险风恶浪中出海捕鱼或者在群兽包围中搏斗拼杀时，就会有自信，有胆量，从容不迫，临危不惧。从某种意义上讲，这种对禁忌的信仰满足了他们的心理，满足了一种精神上的需要，弥补了由于技术力量的不足和环境条件的恶劣而引起的忧虑和失望，使他们在迎接自然和命运的挑战时增添了几分信心和进取心。

人是不能离开社会而存在的，因此调整人和社会的关系，不仅关系到社会的发展，而且关系到社会的进步。人与社会的关系存在着共同性，这种共同性已随着社会的向前发展而日益扩大。为了保护人与社会的这种共同性、和谐性，推动社会向前发展，就需要有一定的秩序来制约每一个族群中人的行为，而禁忌则是维护这种秩序的有效手段。禁忌的这种导向功能还表现在它可以造就人的价值和行为取向，换言之，就是通过禁忌来评判人性的是非、美丑、荣辱及伦理道德等，告诉人们怎样做为美，怎样做为丑。

随着时代的进步、社会的发展，现代的禁忌观念已没有以前那么深刻。随着国家殡葬改革的不断深入，文明环保的丧葬事宜的提倡，一些有违科学的禁忌观念也逐渐为人们所摒弃。在治丧期间有很多需要注意的禁忌事项，其禁忌心理的特点都是以安慰生者内心、传承习惯为主。

在现代，守丧期间远没有古代那么多的繁文缛节，更偏向于简单化。如古代父母去世，子女要守孝三年，三年不可婚嫁、不可从政。现代虽延续守孝事宜，但是时间上缩减到百天甚至更短，期满即可摘掉孝牌。不管是古代还是现代，守丧期间的禁忌心理特点主要是不违孝道。它是中华民族的传统美德，同时也体现了一个人的道德，因此大多数父母离世的丧户都会遵守这一条不成文的规定。

 四、禁忌心理产生的原因及影响

1. 产生的原因

禁忌起源于原始时代，原始时代无成文法则，禁忌实际上起着无形的法律约束作用。每个社会都有非常复杂的禁忌，是不能触犯的，否则会受到相应的惩罚。当然，各个时代的禁忌也在变化，随着时间的推移，从前的一些禁忌到后来就不再成为禁忌了，或者没有从前那么严格了。

2. 对人的影响

禁忌使人们产生畏惧心理，从而自觉或不自觉地用禁忌约束自己的行为。禁忌具有民族性和地域性，同一民族或同一地域的人们一般都遵循同样的禁忌，而且相沿成习，积淀为禁忌民俗。禁忌民俗在人们的生活中具有很大的约束力，任何人都不能漠然视之。早在两千多年前，《礼记·曲礼》就提醒人们："入境而问禁，入国而问俗，入门而问讳。"

禁忌的产生反映了人们认识活动中的某种偏差，但这在人们的认识发展中又是一个不可缺少的过程。虽然从某种意义上讲它带有一定的实践意义，是根据人们的生活经验总结出来的，但这些经验的总结往往缺乏科学的佐证。由于人们无条件地遵守，因而禁忌具有了某种"社会契约"的功用，起到建立某种"秩序"的作用。

五、文明丧葬下禁忌文化的改变

随着社会的进步与发展，殡葬改革是必然的，紧紧围绕着建设惠民、绿色、文明殡葬，国家出台了《殡葬管理条例》。《殡葬管理条例》第二条规定："殡葬管理的方针是积极地、有步骤地实行火葬，改革土葬，节约殡葬用地，革除丧葬陋俗，提倡文明节俭办丧事。"这一破旧立新的规定影响着我国的丧葬事业，同时引导人们树立新的殡葬观念，倡导科学、文明、健康的殡葬新风尚。破陈规，除陋习，丧葬期间不再披麻戴孝，仅佩素花或黑纱；禁止焚烧纸扎品；倡导送文化花篮和现场手写挽联；等等。禁忌文化随着社会的发展变化而改变，以更人性化、更科学、更健康的方式进行殡葬活动是现在禁忌文化发展的新方向。

小　结

社会群体包括社会人、丧户、殡葬工作者，不同的人群，面对逝者、殡葬活动时都有不同的心理折射。如何判断一个人的状态是正常的还是异常的，是一件不容易的事情。只有掌握了区分标准，才能很好地界定异常现象，进而尽早地介入，帮助求助者恢复健康。区分标准要点如下：

一是分析求助者是否因躯体症状而引起异常行为；

二是根据区分正常与异常的心理学原则，分析求助者自知力及有无精神病性症状，并需与精神病性问题相区别；

三是分析求助者的内心冲突类型；

四是确定求助者心理问题的持续时间，心理、生理和社会功能影响程度。

同时，可在治疗初期让求助者使用相应的测量量表，以起到参考作用。

知识拓展

生命纪念册——文明、科技、环保殡葬的产物

生命纪念册呈现的形式不仅有印制画册，还有一种充分将多媒体技术与殡葬结合的方式。主要是将文字、图片、视频、音乐等元素结合起来，编辑制作成能够展现逝者整个生命历程的视频，留给家属随时观看，做到了"将思念随身携带"，也适应了新时代科技殡葬的需求。

思考练习

1. 常见的殡葬心理类型有哪些？
2. 异常的殡葬心理类型有哪些？应该如何应对呢？
3. 禁忌心理有哪些特点？
4. 禁忌心理对人有哪些影响？

第四章
治丧群体的殡葬心理

本章课件

> **学习目标**
>
> 了解治丧群体的殡葬心理;掌握治丧群体的心理类型及应对方法;根据东西方治丧群体对生死的看法,展开对生死的讨论与思考。

死亡,无论是对社会还是对家庭,或是对个体来说,都是一个无法回避的话题。有生则必有死,面对死亡,由于人们所处的地位、立场、个性特征等因素的不同,会呈现出不同的心理表现,这也就造成了人在死亡事件和丧葬活动中会有不同的体验。因此,我们可以看到形形色色的治丧者,有的悲伤,有的恐惧,有的激动,有的平静,有的厚养薄葬,有的隆丧厚葬。不同的态度,源自他们与逝者之间不同的联结以及他们不同的殡葬心理。

在整个治丧活动中,存在着不同的角色群体,他们通过不同的心理表现和行为特点共同推动着丧葬活动的完成,从而从不同视角实现"让逝者安息,让生者慰藉"的殡葬活动宗旨。而这也是本章重点论述的方向,力求通过更加细致的分析和阐述,寻根溯源,求得应对不同心理的方法。

第一节　治丧群体

在《现代汉语词典》中,"群体"有两种含义:一是泛指本质上有共同点的个体组成的整体,与"个体"相对;二是由许多在生理上发生联系的同种生物个体组成的整体。群体正是依据彼此之间所具有的共同特点和联结行事,从而共同完成目标事件。

在丧葬活动中,居于最重要、主体性地位的群体即治丧群体。治丧群体是一个庞大的人群，其内涵实质主要是前来参与丧葬活动的所有人，承担着对逝者在初终、殓、殡、葬、祭等一系列阶段的治丧任务。他们在殡葬活动中所展现出来的心理、情感、情绪表现也同时控制着整个殡葬活动的氛围和走向，成为丧葬活动中起决定性作用的群体。

一、治丧群体概述

人们依据治丧群体在丧葬活动中所处的立场、身份以及与逝者的亲疏，将其进行分类。虽然在某些丧葬活动中，治丧群体所承担的任务存在交叉，但经过梳理总结，大体上可以将其分为丧亲者、亲属以及助丧者。这三者之间，由"逝者"作为纽带将彼此联系起来，三者在丧葬活动中各司其职，共同追求着"让逝者安息，让生者慰藉"以及"慎终追远"的目标，为圆满完成治丧任务打下了最坚实的基础。

二、治丧群体的划分

（一）丧亲者

丧亲者是核心丧户，从公序良俗角度理解，就是丧事活动中与逝者关系最直接、最亲近的群体，他们构成了治丧群体的核心成员。在很长一段时间里，它主要是指逝者的父母、配偶、子女。对于核心丧户的认定，各地依据自己的情况会稍有不同，但大体上是遵循我国《关于国营企业职工请婚丧假和路程假问题的通知》对丧假受用人的范围来进行界定的。该通知指出，职工的父母、配偶、子女死亡时，用人单位可以给予其1~3天的丧假。

随着社会的发展，各类产业对劳动力的需求增大，很多青壮年劳动力大量外出务工，越来越多的地方出现了"留守儿童"和"空巢老人"的现象。隔辈人彼此相依为命，当其中一方出现死亡事件时，他们所呈现出的"祖孙"关系，使彼此也成为丧葬活动的核心成员。

"十里不同风，百里不同俗"，因地域、丧葬习俗不同，一些地区和单位也将丧亲者的范围进行了更加人性化的扩展。如上海、北京都有规定：职工的岳父母或公婆去世后，需要职工料理丧事的，经本单位核实，可以酌情给予1~3天的丧假。还有一些地域，祖辈的丧事活动需要孙辈列席，有的单位也将此列入单位福利假范围之内，可以给予职工一天的丧假。

丧亲者在殡葬活动中所承担的任务其实从逝者临终时就已经开始进行了：有的为临终亲人准备寿衣，有的为临终亲人选定墓地，有的为临终亲人做好遗嘱见证。核心丧户的任务贯穿了整个丧葬活动中殓、殡、葬、祭的始终，并且不会有终结，因为他们还将会在今后的每一个特定日子或节日对逝去的亲人展开祭祀，缅怀亲人，抒发情感，具有极强的可持续性和心理延续性。这也是核心丧户与其他亲属、助丧者在本质上的不同。我国的清明节、中元节、寒衣节，墨西哥的亡灵节，西方的万圣节，这些节日都承载着人们对逝者的缅怀心理。

（二）亲属

中国人对亲属的定义，根据所遵循的传统礼教和血缘关系，分为了"五服"与"出服"。古代社会的"五服"与"出服"中的"服"指的是亲属因与逝者的亲疏关系不同，而为逝者服丧时所穿的不同种类的孝服，包括斩衰、齐衰、大功、小功、缌麻。后来在此基础上经过逐渐衍化，产生"五服"是五辈人的概念，而"出服"则表示亲属关系较远，已经不在五辈人范围之内。《尔雅·释亲》中对亲属是这样描述的："生己者为父母，父之父为祖，祖父之父为曾祖，曾祖之父为高祖，高祖之父为天祖，天祖之父为烈祖，烈祖之父为太祖，太祖之父为远祖，远祖之父为鼻祖。""父之子为子，子之子为孙，孙之子为曾孙，曾孙之子为玄孙，玄孙之子为来孙，来孙之子为昆孙，昆孙之子为仍孙，仍孙之子为云孙，云孙之子为耳孙。""族父之子相谓为族昆弟，族昆弟之子相谓为亲同姓（同姓之亲无服属）。"通过上面的论述可以发现，一个宗族中的兄弟，他们的儿子辈就不存在其他的关系，仅是有同一个姓氏罢了，这实质上就是我们常说的"出五服"的关系了。

现代丧葬关系中所说的亲属则突破了"五服"的界限，指的是来参加逝者葬礼的亲属，他们与逝者或丧户具有血缘关系、姻亲关系或宗族关系。他们在丧事活动中的任务从接到丧亲者发布的讣告后开始，协助丧亲者处理在殓、殡、葬和初祭中面临的问题，使得丧事活动能够被更加从容地完成。

国家开展计划生育所涉及的80后这一群体已经开始步入不惑之年。因是独生子女，他们的家庭结构大多是夫妻双方至少需要赡养四位老人。与其上一辈人多子女、大家庭的家族结构特点相比，他们势单力薄，在处理丧事方面则更加需要亲属的帮助，亲缘关系层面也由此得到了更广泛的拓展。甚至有不少家庭，堂兄弟的配偶、表兄弟的配偶也因为彼此的姻亲关系参与到了岳父母的治丧活动中来。

（三）助丧者

这里指的助丧者是那些与逝者或丧亲者不存在血缘关系，但存在某种利益联结或是人情往来的群体。他们在治丧群体中人数多、占比重，多为逝者或丧亲者的朋友、同事、邻居，涵盖与逝者构成同学、师生、师徒、同事或雇佣等关系的人。还有一类值得注意的助丧者是"工会"，这是中国特色社会主义制度下的产物。当家中有人去世，一些丧亲者会率先联络逝者生前单位的工会。通过工会，可以将逝者去世的消息、讣告传递给逝者生前的同事，为下一步组织告别仪式打下基础。而对于一些生活困难的去世职工的家庭，工会所给予的治丧慰问更是雪中送炭。

作为助丧者，因与逝者或丧亲者关系的亲疏不同，所承担的丧葬活动中的任务也略有不同。关系较近的助丧者可能从逝者临终时就已经涉入助丧活动中，一直到逝者安葬、祭奠结束后终结；有的还会用一定的时间来安慰丧亲者走出亲人逝去的苦痛。关系较远的助丧者可能从接到逝者去世的消息之后投入助丧活动中来，帮忙到丧葬活动结束之后，为丧亲者提供人手上的支持，确保整个丧葬活动顺利结束。如在北方多地的丧事中，会专门请一位逝者的邻居焚烧逝者使用过的枕头。因此，邻居在这里就成为一名助丧者，成为丧葬活动某一个环节的参与者，但未必参与全部的治丧活动。

第二节　治丧群体的殡葬心理

不同的治丧群体在整个治丧过程中，因为血缘关系、情感、动机等不同，呈现出不同的心理反应和心理特征。这些反应和特征有理性的，有非理性的，有过激的，有平缓的，它们共同建构在"死亡"这个背景下，形成了治丧群体所特有的殡葬心理外显。

一、丧亲者的殡葬心理

丧亲者，即丧事的主家，也是核心丧户，作为逝者最亲密的人，是与逝者情感纽带联系最为紧密的人，在失去亲人时的内心冲击是最为明显的。他们往往怀着对逝者非常复杂的情绪和情感，深刻地感受着生死离别带给他们的生命教育。古人常说人生有三大不幸：少年丧父母、中年丧配偶，晚年丧子女。父母、配偶、子女，这三个丧亲者中最核心的成员在历经亲人离世时的内心悲痛，是很多人难以想象的。

唐代著名诗人李商隐少年失怙，父亲的离世给他幼小的心灵带来了巨大的伤害，没有宗族亲人的帮助，年少的肩膀上背负了巨大的家庭重担。内向、敏感、怯懦，是少年李商隐给人最直接的印象。即使在成年后遇到了令狐楚、王茂元、郑亚、卢弘正等人的青睐，但依旧没有使他摆脱内心的不安感。他的好友崔珏曾经这样评价他："虚负凌云万丈才，一生襟抱未曾开。"在他的作品《宿骆氏亭寄怀崔雍崔衮》中曾写道："竹坞无尘水槛清，相思迢递隔重城。秋阴不散霜飞晚，留得枯荷听雨声。"在败荷零落的残景之中，李商隐借由对好友崔雍、崔衮丧父的同情，将自己如浮萍般的悲凉身世淋漓尽致地展现在众人面前，抒发了其内心难以描摹的悲凉之感。

宋代豪放派词人苏轼在丧妻后创作了惊艳绝伦的《江城子·乙卯正月二十日夜记梦》。里面那段"十年生死两茫茫，不思量，自难忘。千里孤坟，无处话凄凉。纵使相逢应不识，尘满面，鬓如霜"，不知触动了多少人的心。能够让一位乐观的豪放派词人如此悲伤，可见苏轼的丧妻之痛有多深。而另一位宋代婉约派著名女词人李清照在丈夫赵明诚离世后所作的悼亡词《孤雁儿·藤床纸帐朝眠起》，也堪称宋词中悼亡词的经典之作。尤其是最后一段，更是将其丧夫无依的肝肠寸断之情表露无遗："小风疏雨萧萧地，又催下千行泪。吹箫人去玉楼空，断肠与谁同倚。一枝折得，人间天上，没个人堪寄。"两位词人在词中将与相爱之人从此天人永隔的悲绝之情跃然纸上，所见之人无不与之共鸣，痛心不已。

（一）丧亲者常见的殡葬心理类型

丧亲者在面对丧事时会出现不同的心理状态，对此加以梳理和概括，具体形成了如下殡葬心理类型。

1. 哀恸心理

【案例】

2016年发生了一件轰动互联网的魏则西事件。西安电子科技大学2012级学生魏则西患有滑膜肉瘤晚期，通过百度搜索找到武警北京市总队第二医院治疗该症。但在花费了近20万元后，却依旧不治身亡。魏则西的父母在儿子去世后心理上所承担的悲痛和思念是一般人难以体会的。魏则西的父亲曾说过，他经常和妻子没话找话，但几句话后就又会回到逝去的儿子身上。那是一种难以消磨的痛苦，犹如一根刺深深扎在心里，伤口难以愈合。

面对死亡，丧亲者最大、最直接的心理表现就是哀恸，痛不欲生。他们或痛哭流涕将悲伤外显，或沉默平静将情感内收。其实，无论哪种表现都是悲痛心理的呈现，只是因为性格不同而展现出了不同的行为表现。上文曾提到"人生有三大不幸"，在这三大不幸中又以"白发人送黑发人"为人生最悲之处。父母将子女培养成才，年轻的孩子却在生命最绚烂多姿的节点上画上了句号，这是很多失去孩子的父母所不能跨越的悲伤。

然而，在这一群"白发人送黑发人"的父母中还有一个更为特殊的焦点群体，叫作"失独家庭"。"失独家庭"是指独生子女死亡，其父母不再生育、不能再生育和不愿意收养子女的家庭。他们的哀恸心理与一般失去亲人的家庭迥然不同。失独家庭的悲伤是持续性的，心灵的修补是需要耗费更多的时间、人力、物力和财力的，如果失独家庭的成员没有得到很好的心理抚慰，将会对他们今后的生活造成毁灭性的打击。

2. 感恩心理

丧亲者往往怀着对已逝长辈抚育自己的感恩之心而为其送终。同时，在每一年的祭祀日为逝者摆供祭奠，缅怀恩德。中国是一个讲求孝道的国家，"鸦有反哺之义，羊知跪乳之恩"。怀有感恩心理实质上是对中国上下五千年优秀文化的传承。曾经有一位84岁老人诉说她对107岁母亲的感情，字里行间充满感恩，"母亲养我小，我养母亲老"。母亲含辛茹苦养育女儿，女儿成长后反哺母亲，在母亲跟前尽孝，为其养老送终，这是优秀传统文化所给予我们的最大的情感能量。

3. 依存心理

【案例】

2019年，南京市殡葬管理处联合雨花台区民政局启动了"数字化生命遗产库"项目。该项目将与逝者相关的生前文字、影像转化为数字化信息，通过计算机网络的云空间进行存储，丧亲者只需要扫描二维码即可看到逝者生前的音容笑貌，从而帮助丧亲者实现更加直观的缅怀追思。

依存心理是对人或事物怀有依恋、怀念的情感。亲人去世，对丧亲者来说是情感上最难以割舍的一件事，他们希望借由逝者生前使用过的物品、保存下来的影像以及安葬的墓地来帮助他们实现与逝者之间的情感联结，从而满足他们精神层面对逝者的依恋和怀念。而依存心理还有一个更高的境界，则是对"精神"的传承。这已经超越了单纯丧亲者的范畴，更多的是达到了一个民族在价值观层面的认同。"雷锋精神""焦裕禄精神""铁人精神"等精神是不朽的，传承这些精神表示一种至高无上的崇敬，人们希望依存于伟大精神的力量，以激励自我，从而实现自我的人生价值。

4. 遗憾心理

遗憾是一种因为出现无力补救的情况而产生的后悔心理，这种心理状况在丧亲者中也是比较常见的。中国一直以来都讲究孝道文化，孝与感恩同属于中华民族的传统美德。但随着社会的进步，一部分人忙于工作、忙于自己的家庭、忙于谋生、忙于财富积累等而忽视了对至亲的照顾，在得知至亲去世后才悔不当初。未能在逝者病床前尽孝，成为他们心中难以磨灭的遗憾。

5. 自责心理

【案例】

曾有一位老人，平常身体健康，也喜爱运动，但有一年冬天患了感冒，其子女觉得不是什么大问题，没有在意。但老人却在15天之后因为严重的肺积水导致的呼吸衰竭而去世。一直非常孝顺的女儿对此非常自责，觉得父亲是因为自己的疏忽才离开人世的。

自责是因为错误而感到内疚，从而谴责自己。这种心理类型在很多丧亲者中都曾出现过。甚至一部分丧亲者因此想不开，难以排解，而患上了抑郁症。有这样一种说法叫作：本想报答亲恩，却奈何斯人已逝，再见已无期。这种自责和懊悔是难以弥补的，并对丧亲者产生了巨大的影响。

6. 补偿心理

【案例】

某地新建成了地铁一号线，一位久病的老人一直希望能够乘坐一回地铁，但是因为该老人出入需要坐轮椅而一直没有实现。不久，老人离世。为了弥补

> 这个遗憾,他的女儿特意在追悼仪式上将一张往返的地铁票放入老人的棺木中,伴随其火化,来补偿老人未曾实现的愿望。

部分丧亲者在逝者生前可能曾经答应过要为逝者做某些事,但世事难料,亲人在还没有实现愿望时就离开了人世。这些丧亲者就会想方设法来通过丧葬仪式或是其他方式来对逝者进行补偿。

7. 敬畏心理

敬畏是一种对生命、死亡既敬重又害怕的心理。著名理学家朱熹曾说过:"君子之心,常怀敬畏。"出于对至亲的缅怀,丧亲者往往会毕恭毕敬地向逝去的亲人表达哀思,这折射出国人对传统文化、品德、家风等的传承。丧亲者以有温度的敬畏心理表达着他们对逝者的无尽思念、对生命的态度,以及对死亡的理解。

8. 祈愿心理

祈愿心理是人们在殡葬活动中经常存在的心理之一。丧亲者在葬礼或是清明节、中元节、寒衣节、除夕、忌日等日子对逝者进行祭奠,实际上就是一种希望通过祭祀行为来向逝去的亲人表达祈望得到庇佑和福荫的心理,其中也包含了丧亲者对逝者的感恩和致敬。随着殡葬改革的进一步深入,这种祈愿心理得到了更好的展现,形式也呈现出多元化的特点:一束鲜花告慰逝者,一只纸鹤寄托哀思,一条丝带遥寄希望,一盏烛光回忆点滴。祈愿心理是一种丧亲者对逝者表达美好祝福与怀念的心理,正是一代代人将这种美好沿袭、传承,才使后人将已逝的亲人常存心头,缅怀其恩德。

9. 恐惧心理

【案例】
> 某殡仪馆曾接运了一具因抑郁症跳楼的逝者,逝者坠地时头部着地,当场死亡。丧亲者一直害怕见到逝者,直到殡仪馆的遗体整容师为逝者完成塑形化妆,才敢上前。还有一部分丧亲者因与逝者之前有过不愉快的经历,这些负面的经历会对其心理产生威胁,从而形成恐惧心理,夜不能寐。

恐惧是人们在面对某种威胁情境时所产生的一种担惊受怕的情绪体验。丧亲者在面对逝去的亲人时,除了存在最常见的哀悼心理外,恐惧心理也是他们最常表现出来的一种心理状态。他们的恐惧源自对死亡的无知，源自传统观念的影响，源自负面情绪体验所产生的不良经验。比如一部分丧亲者亲眼目睹了意外身故的亲人身体上的严重损伤，对此产生了恐惧心理。

10. 抑郁心理

【案例】

某著名歌手在一档访谈节目中曾谈及自己的抑郁经历。2005年是她事业最红火的时候，也正是此时，她最敬爱的奶奶辞世。她感觉到生命中已经再没有爱她的人，抑郁心理开始慢慢将她笼罩。好在她积极进行治疗，并花了三年时间积极参与公益事业中，在关爱他人、救难济困中重拾自我。其实，并不是每一个有着抑郁心理的人都会那么幸运地复原重生，依旧有很多人深陷抑郁泥沼，难以自拔。

抑郁心理是一种负面情感增强的心理体验。在当代社会，这种心理体验越来越多地出现在人们的工作、生活中，它犹如一团黑云将人压得喘不过气来。而在殡葬活动中，也有越来越多的丧亲者出现抑郁心理。部分丧亲者在亲人离世后可能会因为一直在处理丧事，而没有将情绪宣泄出来。当丧事处理完毕空闲下来时，他们才有时间坐下来去消化至亲去世的苦痛。他们将痛苦深深埋在心旦，不得宣泄，从而累积成疾，终日思念已逝的亲人，愁容满面，兴趣索然。

11. 炫耀心理

【案例】

我国福建省泉州市曾有句古谚语："生在苏州杭州，死在福建泉州。"就是在说当地隆丧厚葬之风盛行，送葬的队伍庞大，绵延数里，极尽排场之能事，显示着丧亲者的实力和地位。但实际上，随着我国老龄化社会的加速到来，我们更提倡的是"厚养薄葬"，在老人生前竭尽全力地孝顺、照顾，老人去世后文明节俭为其办理丧事，才是殡葬改革走到今日的趋势所在。让老人在生前体验到生命最大的尊重将是丧亲者最值得炫耀的事情。

炫耀是指刻意从金钱、权力、地位等方面向他人展示自己，从而获得他人羡慕的一种心理。一些丧亲者在亲人去世后大搞"隆丧厚葬"，向他人展示自己的钱财、人脉和实力。因为他们觉得厚葬逝者会得到他人的赞扬，但这种炫耀实质上会使葬礼最重要的情感内核消失。

12. 攀比心理

【案例】

某家庭在父亲的葬礼上为了"面子",不断增加葬礼的阵势,最后一算账才发现前后竟然花费了 40 万元,这还不包括买墓地的钱。这样一种攀比心理虽然会带来一时风光,但长久来看却是劳民伤财的。

攀比心理是指脱离自己实际收入水平,而盲目与他人比较的心理。通常,攀比心理的产生源自人们被尊重的需求过分夸大,消费行为被引入一种误区,从而增强了人们内心的虚荣,由此产生了攀比心理。丧葬活动实质上应该是一种表达情感和追忆逝者的活动,但是在"面子"观念的影响下,丧葬攀比之风成为某些丧亲家庭相互争斗的竞技场,他们不在乎自身经济水平的承受力,而更多关注的是在社会对其操办的葬礼评价中占据上风。而由此出现的"死不起"现象,也成为民生的痛点。

13. 盲从心理

盲从是自己缺乏主见,没有原则地随着别人说话、做事。对于死亡,人们大都缺乏从孩提时代就应该开始的系统教育和认知。因此在面对死亡时,很多丧亲者都会手足无措。丧亲者的盲从心理在丧事活动中屡见不鲜,很多丧亲者对如何处理丧事知之甚少,所以往往会随大流来办理丧事。现在推行移风易俗,文明节俭办理丧事,盲从心理其实对于殡葬改革来说会带来些许障碍。盲从意味着因循守旧,固守既有习俗,盲目地按照繁冗的礼俗来开展殡葬活动。

14. 解脱心理

这是丧亲者面对亲人离世时所产生的一种消极的心理表现。很多家庭的临终者已与疾病抗争多年,不知道已经花费了多少金钱,经济上捉襟见肘。同时,疾病所带来的巨大心理压力和精神压力也令照护者苦不堪言。亲人辞世,对这些照护者来说是一种精神解脱,虽然内心仍然很难过,但某些时刻会让他们觉得如释重负。

15. 迷信心理

【案例】

某丧户在为父母进行合葬时请了一位白事先生,该先生认为家庭中与父亲

> 感情最好的二女儿的生肖与已过世的父亲"相冲",会影响安葬的顺利进行,难以让逝者福荫后人,所以其不能参与此次殡葬仪式。二女儿对此颇为伤心,但是因为害怕仪式不顺利而与其他兄弟姐妹发生冲突,不得不含泪答应不参与父母的灵骨合葬。这其实就是一种迷信心理。

迷信是对某些人或者事物过分信任,为其马首是瞻。这在我国的很多地方屡见不鲜。丧亲者会对当地殡葬策划人员言听计从,从寿衣、寿鞋的样式,到出殡、安葬的日期和时间,再到亲友中谁与逝者"命格相克",封建迷信思想在丧葬仪式中滋长。

所谓的"相冲""相克"是民间殡葬策划人员渲染死亡事件、抬高自身身价的一种噱头罢了。

16. 麻木心理

这种麻木并不是说丧亲者冷漠,而是他们内心的悲痛已经达到了极限,出现了欲哭无泪的状况。有人将情绪比作一根弹簧,正常人是可以张弛有度地控制情绪弹性的。但是,有些丧亲者的情绪弹簧却已经被拉到极致,失去了弹力。他们的情绪早已失去平衡,脑海空荡一片,没有任何感觉,亲人的去世早已不在他们的心理承受能力范围之内。

其实,在丧亲者当中还会有个别人存在愤怒、焦虑、空虚、无助的情感表现,但无论是哪一种心理类型或是情感表现,都是他们向逝者表达怀念的方式。

(二)丧亲者殡葬心理产生的原因

丧亲者殡葬心理的产生有其多元性的原因,但往往与"血缘""情感""价值观"等存在着颇为深厚的联结。正是因为有了这样难以割舍的关系纽带,丧亲者在亲人离世后才有了上面所述的多种心理类型表现。

1. 血缘联结

血缘是中国人最看重的关系纽带。"血浓于水"的观念根植于每一个中国人心中。因为血缘之间的联结和对孝道文化的传承,丧亲者对逝者产生了相应的依存心理、遗憾心理。他们依恋逝去的亲人,渴望在亲人临终前以尽孝心,但世事难料,未能在床前尽孝成为他们最大的遗憾。对于另一些丧亲者来说,即便亲人已逝,他们也会利用各种节日或忌日来追思怀念亲人,缅怀他们留下的精神,分享他们的生前事迹，铭记他们的高尚品德，以激励自己走好今后的人生道路。所以，血缘成为一条看不见的纽带，联结着丧亲者对逝者无尽的思念。

2. 情感联系

情感是中国家庭最讲究的核心元素。丧亲者与已逝去的亲人有着最为紧密的情感联系。斯人已逝，是他们从情感上最难以接受的结果，哀恸心理、抑郁心理、自责心理、麻木心理、补偿心理由此而生。尤其是亲人因为意外事故、突发疾病离世更让人们从情感上难以接受，丧亲者可能会突然失去生活和精神的支柱，出现短暂或长期的低落，郁郁寡欢。沈阳某地一位中学女教师在去医院为住院家人送饭途中，被一辆吊车上突然脱落的吊头砸到了头部，当场死亡，殁年45岁。女教师正在上高中的女儿万分悲痛，在母亲死后多年依旧使用着母亲曾用过的QQ，依旧天天拨打母亲的电话号码，难以释怀。

3. 灵魂不死观念影响

灵魂不死观念长期被用来解读丧亲者的某些心理表现，如恐惧心理、祈愿心理、迷信心理、敬畏心理。很多丧亲者相信他们逝去的亲人并未走远，而是以另一种形态陪伴在他们身边。有的丧亲者曾经在逝者生前冒犯过逝者，他们会产生恐惧心理，害怕逝者的灵魂归来对他们进行报复；有的丧亲者会产生祈愿心理，希望逝者的灵魂能够保佑家庭的子孙后代，福泽恩惠每一位家人；有的丧亲者会滋长迷信心理，认为必须要有所谓的"白事先生"的加持才能平稳地办理好逝者的丧事；有的丧亲者则始终抱有对生命的敬畏和感恩之心，希望继承先人的精神，将家风永久流传。

4. 价值观承袭

价值观是在人一定思维感官基础之上对事情作出的认知、理解、判断、选择。因人们在认知的不同、受家庭传统思想影响的不同，以及周围环境带给其的经验和评价不同，人们的价值观也千差万别。正是因为有了这样的千差万别，我们才在丧亲者中看到了那些相对消极、负面的心理表现，如炫耀心理、攀比心理、盲从心理。

（三）不同死亡原因对丧亲者心理的影响程度

虽然死亡是一个社会进行有效新陈代谢的必然过程，但丧亲者也会因为亲人不同的死亡原因，由轻及重产生不同程度上的心理困境。

心理困境程度较轻的丧亲者，往往是对亲人的离世已经提前有了思想准备。这一类型的丧亲者的亲人大多已经患有难以治愈的疾病很久了，从患者本身到其身边的家人，心理早已从最初的震惊、难以置信归于平静。虽然，亲人最终的离世是一件悲伤的事情，但是看到亲人不再疼痛、安详平和，丧亲者的内心也会得到释怀和慰藉。此外，还有一些长者年岁已高，他们可能会在睡梦中安然离世。对他们的去世，丧亲者在心理上的悲伤程度也会相应较轻，这在丧事活动中也被称为"喜丧"。例如，贵州畲族就有为80岁以上去世的长者贴红色挽联的传统习俗。

心理困境程度较重的丧亲者，他们的亲人往往是因为猝死、意外等突发事件离世。由于逝者离世较为突然，丧亲者的内心对此多难以接受，进而积郁成疾。失独、交通意外身故、刑事案件身故、猝死等对丧亲者内心的打击程度都是难以估量的。

（四）丧亲者殡葬心理应对方法

面对丧亲者不同的心理表现，人们试图采用放松、谈话、危机干预、完善认识等不同手段来帮助丧亲者应对，从而帮助其缓解心理压力，树立积极的价值观来正确认识死亡带来的结果。

对于丧亲者所产生的悲伤心理，安格尔曾提出六个过程阶段，分别是：难以接受丧亲事实的冲击与怀疑期、确认亲人已逝去的逐渐承认期、能够在悲伤中处理丧事的恢复常态期、艰难找寻可依赖者的克服失落感期、认为逝者完美的理想化期以及把怀念藏在心底的恢复期。针对此类丧亲者，可以对他们进行心理疏导，给予他们语言或行为上的关怀和安慰，多聆听他们的内心，让他们将内心深处的悲伤表达出来。同时，给予丧亲者一定的宣泄机会，让他们通过痛哭、歌唱、大喊等手段宣泄悲伤情感。

抑郁心理现在已经对很多人造成困扰。丧亲后的抑郁更是会将人拉入黑暗的深渊，丧亲者会产生强烈的自责感和无价值感。对于这种心理问题，专业人士可以为丧亲者提供心理疏导上的帮助。第一，帮助他们构建支持系统，要让他们感受到生活中还有支持、关爱他们的亲人，他们是可以走出心理困境的。第二，帮助丧亲者摆正心态，认识到生老病死是大自然的规律，作为生者要带着逝者的期望更好地活下去。第三，帮助丧亲者多培养兴趣爱好，让他们在积极向上的氛围中变得开朗。

自责心理、遗憾心理、补偿心理经常会充斥于丧亲者心中，因为他们总是感觉自己还没有尽到孝顺之心，亲人就离开了他们。对于这类心理问题，专业人士应该指导他们要珍惜当下，直面自己的不足，接受生活中出现的好的或不好的一面。虽然亲人已逝，但是生者要珍惜现在的生活，不再让遗憾继续留存。

面对死亡，很多人都会产生恐惧心理。从心理学角度上看，可以采用系统脱敏或是满灌疗法。前者是一点点增加恐惧等级来实现脱敏，后者则是直面最恐惧的事情。此外，还可以不断挑战自己害怕的事情，让信心在挑战中不断增长。

盲从心理源自无知和不笃定，是因为丧亲者缺乏对殡葬活动的深刻了解而不得不按照别人的方法去做，这在购买墓地、选择殡葬产品方面特别明显。应对盲从心理，要让自己有坚定的立场，在选择殡葬相关产品时可以提前做好调查研究，多做果敢训练，从而让自己对抉择充满信心。

炫耀和攀比心理是两种在价值观上出现问题的错误心理。丧亲者为了面子厚葬逝者，希望通过炫耀得到他人的羡慕和高评价，还有一些丧亲者缺乏对自身能力水平的考量，由此产生不良的后果。对此类丧亲者，应该帮助他们树立理性治丧的理念，作出选择前要充分考虑自身的能力水平，让他们认识到"厚养薄葬""文明节俭办丧事"也一样可以表达对逝者的哀思。

存有解脱心理的丧亲者实际上是自身所承受的心理压力和精神压力过大，他们深刻了解逝者患病时的苦痛，因此，在逝者离世时会有松一口气的表现。针对这些丧亲者，应着力帮助他们缓解紧张和精神压力，多做放松练习，多给予资源和心理支持，从而帮助他们树立对于疾病、临终的正确态度。

迷信心理源自认知方面的错误和过往家庭成员的经验。应对丧亲者的封建迷信心理可以使用埃利斯的理性情绪治疗法，用科学先进的理念与愚昧落后的文化进行辩论，用理性战胜非理性，从而形成移风易俗、文明节俭办丧事的心理选择。

对那些存在麻木心理的丧亲者，最重要的是给予他们时间，让他们在丧事处理完毕后慢慢恢复。同时，默默给予他们支持，可以寻求心理医生、社工团队的帮助，参加支持治疗小组。还可以帮他们找到情绪宣泄的出口，如运动宣泄，重新建立情绪和身体的连接，使其最终恢复情绪功能，重新回归社会生活。

面对不同程度的受到亲人离世打击的丧亲者时，人们需要依据其现有的心理状况来给予他们帮助，可以采用下述应对方法。有的人需要空间和时间释放自己的情绪，那么就应在他旁边默默聆听他的心声，以"无声胜有声"的方式来抚慰他受伤的心灵；有的人有害怕情绪，那么可以一直陪在他的身旁，给予他安全感和支持；有的人在逝者去世多年后想要找到自己与逝者之间情感的回忆，那么可以搜寻他们之前的书信、短信来帮助他们找到那段最宝贵的回忆。

（五）丧亲者殡葬心理带来的结果

事物是具有两面性的。丧亲者的殡葬心理是社会心理的一个重要的组成部分，它既具有积极的推进意义，同样也存在着一定的消极阻碍作用，形成了一种双重的心理效应。

1. 正面积极作用

一是丧亲者所透露出来的良好殡葬心理可以促进殡葬改革推行，移风易俗。一些丧亲者主张文明节俭办丧事，推行海葬、生态葬、自然葬，希望在环境保护的理念下帮助亲人实现落叶归根、入土为安。现在更有一些家庭开始选择不举行告别仪式，而是通过"互联网＋殡葬"的方式，以绿色、科技、现代的殡葬理念让自己与亲人变得更紧密。

二是推动人们建立积极向上的价值观。感念先人的丰功伟绩、传扬先人的美好品格对后人精神层面的影响是巨大的，可以帮助后人树立正能量，从而激励后人树立正确的价值观。

三是有利于构建和谐的人际关系。丧亲者有正能量，对生命充满敬畏，可以帮助其在与他人交往时形成和谐的人际关系，在给他人带来良好印象的同时，也能够促进人际关系协调发展。

四是良好的殡葬心理可以使丧亲者获得一种身心的愉悦。丧事本身是一件耗费人体力、精力和情感的事情，好的殡葬心理能够即时宣泄掉不良情绪，阻止不良情绪发酵，进而有益丧亲者的身心健康。《黄帝内经·素问·阴阳应象大论》中言：怒伤肝，喜伤心，思伤脾，忧伤肺，恐伤肾。无论是哪一种情绪都是过犹不及。因此，具备良好心理的人才会更容易获得身心健康。

2. 负面消极作用

一是会阻碍殡葬改革的有序推行，造成社会资源的浪费。攀比之风、炫耀心理会不利于殡葬改革的推行，同时增加丧亲者在经济上的困难。此外，一些人因循繁文缛节，在安葬时过分强调摆放随葬品，也会造成一定程度的污染和浪费。

二是会进一步宣传封建迷信思想，助长社会上"隆丧厚葬"的歪风邪气。同时，还可能会出现商家间的不正当竞争，哄抬殡葬产品物价，造成殡葬消费市场失调。

三是会危害丧亲者的身心健康。哀恸过度、抑郁过度、内疚过度都会为健康带来阴影，影响丧亲者回归情绪正轨。

四是会激化人际矛盾。与他人攀比丧事的隆重程度，炫耀自己的身份、地位、财力、物力往往会造成他人在心理上的不适，从而使人际关系变得紧张。

二、亲属的殡葬心理

在现代丧葬活动中，亲属的定义被扩大化，与逝者或丧亲者存在血缘关系、姻亲关系、宗亲关系的人都可以列入亲属范围内。对于逝者的去世，他们在很大程度上也怀有悲伤的心理，因为他们中的一部分人会见证逝者生前的病痛治疗或工作生活，所以对逝者也会怀有同样的深厚感情。

（一）亲属的殡葬心理反应

亲属因为与逝者或丧亲者之间存在紧密联系，因此他们也会展现出相应的心理反应。

1. 悲伤情绪

相较于丧亲者的哀恸过度，亲属的难过程度则会相对轻一些。但是，因为亲属与逝者或丧亲者在生活中具有较为紧密的联系，因此在得知逝者去世时也会非常难过。他们的心理反应呈现出情绪回归较为快速的特点，即在得知逝者过世后会很难过，其后通过帮忙处理丧事宣泄掉悲伤情绪，葬礼结束之后会回归生活常态。

2. 报恩心理

一些人可能在幼年时受到过逝者的资助，一直对逝者心存感激，因此在逝者去世后，会第一时间赶到逝者家里为逝者送终。这一类亲属内心会永远留存与逝者之间的美好回忆，回忆时会出现哀叹逝者已逝的遗憾。北方一地曾有一老汉，因为不堪家庭问题所带来的压力选择割腕自杀。其远房侄子因小时候受到过老汉的帮助，一直铭记于心，在得知老汉去世后的第一时间便来到老汉家里帮着忙活丧事，老汉葬礼涉及的所有费用都是由这位远房侄子出资办理的。这位远房侄子对去世老汉所怀有的就是一种报恩心理。

3. 慰藉心理

慰藉的强大能量不仅仅是来自一些专业人士，更多的是来自亲属，因为亲属是丧亲者熟悉的群体，能带给丧亲者一种心理舒适的环境。上文曾提到丧亲者需要建立社会支持系统，而支持系统中的非正式支持就来自亲属。丧亲者在亲人去世后，哀恸过度，会有茫然、绝望的感觉，作为亲属此刻就要发挥他们的作用，从旁安慰、抚慰丧亲者，给予他们安全感，从而帮助他们走出因丧亲所产生的各种不良情绪。

4. 惋惜心理

这种心理反应源自对逝者英年早逝或是突发意外去世的慨叹。青年女歌手姚贝娜，才华横溢，却因患乳腺癌病逝。她的英年早逝令她的家人悲痛，还令更多的乐迷惋惜。2015年4月，美国国家航空航天局（NASA）公布的信息显示，第41981号小行星被命名为"姚贝娜"（Yaobeina），来纪念"一位才华横溢充满勇气的中国女歌手"。

（二）亲属在殡葬活动中的功能

亲属的殡葬心理反应相对于丧亲者的殡葬心理要轻一些，而且他们心理恢复、情绪回归时间相较于丧亲者要短很多。但是，他们在殡葬活动中却具有极其重要的功能，成为辅助专业人士引领丧亲者走出悲痛、回归社会生活的重要成员。

1. 支持功能

亲属是丧亲者在心理领域的强大后援团，他们可以通过各种支持手段帮助丧亲者由无助走向坚定。同时，他们在整个丧葬活动中也能够提供人力、物力、财力等多方面支持，从而为丧亲者提供精神层面和物质层面的双重支持。

2. 协调功能

亲属在殡葬活动中，也起到了人与人之间的协调作用，他们会帮忙协调丧亲者和助丧者之间的关系，协调殡仪馆与丧亲者之间的关系，协调殡仪馆与助丧者之间的关系，为圆满完成丧事打下基础。

3. 抚慰功能

亲属在对待丧亲者哀恸的情绪时，往往会以默默无声的抚慰来帮助平缓丧亲者的情绪。他们多会轻拍丧亲者的后背或是采用拥抱的方式来带给丧亲者安全感，并给予丧亲者勇气和希望。

4. 聆听功能

有的丧亲者在亲人去世后会出现不停诉说自己与逝者之间故事的情况。那么，亲属在此时就要成为一个聆听者，安静地让丧亲者讲述他和逝者的故事。其实，这种方式也是丧亲者宣泄自己悲伤的一个渠道。亲属此时千万不要去阻止丧亲者的讲述，如果丧亲者宣泄的出口被封堵，则有可能会因此郁郁寡欢、失落无力。

三、助丧者的殡葬心理

　　助丧者是前来帮助办理丧事的人，这些人或是认识逝者，或是认识丧亲者，他们共同参与到丧葬活动中来，为完成丧葬活动打下基础。助丧者涵盖的范围较为广泛，上一部分所提及的亲属实际上也行使了助丧者的一部分功能。但是，还有一大部分是与逝者或丧亲者不存在血缘关系、姻亲关系、宗族关系的人，他们因为种种原因参与到办理丧事中来，表现出了不同的心理动机和心理特征。

（一）助丧者关系指向

　　经过归纳总结，可以简单将助丧者参与丧事概括为以下几种关系指向。

1. 逝者情感指向

　　这种关系指向占据了助丧者的绝大多数，他们大多与逝者构成朋友、同事、同学、师生、师徒、情侣、邻居关系，且彼此之间关系紧密，可以用"好朋友""好同事""好同学""好邻居"来形容，较点头之交要更加密切。他们与逝者之间曾有过共同的经历，见证了逝者在某个阶段的成长和发展。这种情感关系指向使得他们在助丧活动中能够感同身受，积极协助丧户处理好丧事。著名相声大师马季先生一生教授了多位徒弟，在马季先生的葬礼上，与他感情甚笃的徒弟、著名相声表演艺术家姜昆便参与了治丧，并帮助答谢来参加葬礼的各界人士。

2. 公事公办指向

　　这种关系指向主要是和逝者现存或曾存在雇佣关系的单位、企业或机构，前文曾提到过的"工会"也包含在内。在20世纪70年代至90年代，这种公事公办的关系指向大面积出现在助丧者群体中。单位一旦有人去世，工会将立刻成立治丧委员会来帮助丧亲者及其亲属办理丧事，甚至一些人还具备现代殡仪服务人员的功能，策划葬礼、主持葬礼，甚至是进行安葬。现在在有些地方，生活困难的退休职工一旦去世，如果家人不知该如何办理丧事，也会在第一时间通知逝者单位来帮忙。21世纪，中国的社区文化逐渐展开，社区也被赋予了更多的功能。

"有事找社区"更成为很多社区工作的口号。一些家庭在遇到逝者没有工作单位、家庭生活又相对困难的情况下，也会向社区寻求帮助来进行丧葬活动。

3. 丧户关系指向

这个关系指向主要面向丧亲者的社会关系。一大部分与丧亲者有着良好人际关系和社会关系的群体也会选择来参与助丧活动。他们可能因为丧亲者的关系与逝者有过短暂的接触或联系，但他们参与助丧活动的动机更多是冲着丧亲者而来的，可以是丧亲者的朋友、领导、同事、学生、徒弟、下属等。如第一条所述的马季先生的葬礼上，就有不少其儿子马东关系指向下的助丧者来参与丧葬活动。

4. 利益联结关系指向

这种关系指向是第三种关系指向的一个分支。一些助丧者会在工作中与丧亲者存在一定的利益关系，或是生意伙伴，或是下属。这些助丧者希望能通过助丧活动进一步拉近与丧亲者的关系，为双方今后的联系、交流、合作打牢基础。虽然这种关系指向带有一定的功利色彩，但又不失为当前我国丧葬活动中不可缺少的一部分。

5. 公众关系指向

这种关系指向下的逝者大多是拥有相对广泛的社会知名度或是曾引起过社会共鸣的人，包括知名科学家、文学家、音乐家、翻译家、经济学家、烈士、见义勇为模范等公众人物。他们的逝去会在社会及人民群众中产生强烈的反响，引起群众自发对其逝世进行悼念。甚至每一年在其忌日的时候，都会有相应的群体自发为其举行追思会，怀念逝者。敬爱的周恩来总理去世的时候，来自全国各地的民众自发到北京送别总理，"十里长街送总理"给后人留下了深刻的印象。现在的"粉丝经济"同样折射出了这种公众关系指向。香港著名影星张国荣因抑郁症离世，他的影迷、歌迷每一年都会在 4 月 1 日忌日这一天自发进行追思，或播放他曾演唱的歌曲，或播放他演出的影视作品，永久铭记他绝代风华的样貌。

6. 围观关系指向

在部分地区，还存在着围观的人群。他们与逝者或丧亲者没有任何关系，风俗习惯使然，他们会围观逝者出殡。当出殡过程中遇到需要帮忙搬抬时，也会适时伸出援手帮助丧家。还有部分地区追求葬礼要有人气，除了有自己家的助丧者，还要吸引其他的人围观，这样一种围观关系指向在提倡文明殡葬的当下不值得提倡。

7. 收费关系指向

这类关系指向被利益牵引着完成整个丧葬过程。现在的殡仪馆、殡仪服务公司、墓地这些提供殡葬服务的地方就承载着这样的关系。他们是助丧者，但不是义务的，是具有收费属性、提供殡葬服务的助丧者。

也正是上述的关系指向使得助丧者的助丧行为带有不同的动机。助丧动机是指人的一种意念动力，是推动其参与丧事活动的最终动力。首先，助人动机，助丧者前来就是为了帮助丧亲者处理丧事的，他们以助人为目的。其次，抚慰动机，助丧者中有很多人与逝者或丧亲者是好朋友，应对丧事时也需要有人帮助抚慰一下家属的情绪。再次，人情动机，在丧事上相互往来可以展现人际关系的亲疏。最后，功利动机，这类动机带有浓厚的指向性，如为了利益提供有偿服务的专业机构及其工作人员的动机等。

（二）助丧者殡葬心理特征

综合上面所述的各种关系指向，助丧者在助丧过程中也会因为自己与逝者或丧亲者的关系而表现出不同的心理特征。通过下面的阐述可以发现，助丧者的殡葬心理特征与亲属的殡葬心理特征在某些方面较为接近。

1. 悲悯心理

一部分助丧者与逝者或丧亲者有着十分紧密的关系，具有较好的情感基础，所以在面对熟人去世的时候会油然而生悲悯之心。有的是在一个大院里一起生活多年的老邻居，互相看着上学、工作、结婚、生子直到其中一位走到生命的尽头。他们的关系像是家人，感情深厚，在看到其中一位离世时，必然会对其不幸产生共鸣。

2. 关怀心理

在丧葬过程中，丧亲者一般是悲痛欲绝的。作为助丧者，除了为丧亲者提供行动、人力上的支持，更多的是心理上的关怀。在现在的告别仪式上会有这样一个环节：礼仪人员请来宾瞻仰逝者仪容并慰问家属。来宾慰问家属，他的每一次握手、每一句安慰其实都是一种关怀，虽简短却蕴含深深的情谊。

3. 还情心理

这种心理多发生在随"份子钱"上面。上文提到我国是个讲求人情往来的国家，有人去世，由于和逝者或丧亲者有人情往来，助丧者不仅要在人力上面提供帮衬，给予一定的财力支持，同时也是借机还一个人情。而随多少白事"份子钱"，就充分反映出了还情心理。根据关系的亲疏，"份子钱"数额存在一定差异。

4. 报答心理

在中国伦理道德观念中，得到恩惠要回以报答是社会根深蒂固的行为准则。在丧葬活动中，可以看到很多逝者或丧亲者与助丧者是师生关系、师徒关系或是其他因缘巧合形成的关系。这一部分助丧者曾经获取过来自逝者或丧亲者的恩惠，为了感谢逝者或丧亲者的帮助和恩情，助丧者会自发前来帮助丧亲者顺利完成整个丧葬活动。

5. 往来心理

人与人之间的交往，需要一种互惠互利来取得平衡。古语"来而不往非礼也"正是这样一种心理写照。要"有来有往"，得到别人帮助时要牢记，待对方有需要的时候，要及时回报。

面对丧事，助丧者的目的大多是积极正向的，只有少数可能存在钻营之心。但其实在治丧过程中应该感激助丧者，因为正是助丧者这些正能量的心理使得丧家能够实现"让逝者安息，让生者慰藉"的目的。

第三节　治丧群体的心理折射

在我们国家的治丧过程中有诸多丧葬仪式，治丧群体在这些仪式当中折射出的心理反应也耐人寻味。此处选取几个治丧活动中比较具有代表性的仪式，分析治丧群体在其中的心理折射。

一、治丧过程概述

古时传下来的治丧过程基本上有五个部分：初终、殓、殡、葬、祭。按照我们国家的丧葬礼俗，这五个部分还包含了若干小的丧俗。实际上，在整个治丧过程中，由丧亲者、亲属、助丧者所组成的治丧群体折射出了不同的心理特征，具有一定的代表性，深刻地反映了中国传统的"事死如事生，事亡如事存""慎终追远，民德归厚"的殡葬精神。

1. 初终

古代丧俗中，将人在弥留之际到死亡阶段统称为初终，包含了临终和已终。这一阶段会有停尸仪式、报丧仪式、招魂仪式、送魂仪式。

2. 殓

殓是指在人去世后三天内，把清洗干净、穿好衣服的逝者抬入棺木之中，又叫作"入殓"。在这一阶段，古时会有打墓仪式、小殓、大殓。其中，小殓前要进行沐浴，之后进行饭含仪式。

3. 殡

在入殓后、安葬前会有一段停灵的时间，这一段时间就被称为"殡"。这期间，会有搭灵棚、设灵堂、竖灵、守灵、辞灵、家祭、追悼仪式，最后一个是辞灵仪式。

4. 葬

葬有送葬和下葬两个阶段，这一阶段会将生死离别体现得淋漓尽致。

5. 祭

这是治丧过程的最后一个阶段，但这个阶段是可持续的。因为人们会在逝者去世后七天、百天、周年、清明节、中元节、寒衣节、除夕、忌日等日子继续祭奠逝者，将对逝者的怀念进行下去。

二、各类丧葬仪式中治丧群体的心理折射

人是具有思想意识和复杂心理的高级群体，因此在生产生活的各个阶段，人类会对各种活动做出相应的心理投射。死亡，是人生命的最后时刻，经过世代相传，出于感恩、传承、补偿、报答等多种原因，各类丧葬仪式也展现出了治丧群体的心理状态。

（一）临终阶段治丧群体的心理折射

在一些患者的临终阶段，家人甚至是当事人自己都会提前准备好寿衣，有的还选好了墓地。随着一些新型殡葬理念的兴起，甚至还有一些人已经与殡葬机构签订好"生前契约"，将所有身后事都安排完毕。这一阶段，当事人和其家人实

际上已经做好即将面对死亡的准备。这在伊丽莎白·库布勒·罗斯提出的临终患者的五个典型心理阶段中属于最后一个阶段——接受死亡阶段。他们此时的心理折射是知道患者或自己即将走到生命尽头，只能平静地接受死亡。

奥古斯丁曾说过："一切都是不确定的，只有死亡是确定的。"虽然死亡是一件再确定不过的事，但我们却很少有机会在受教育的阶段接受死亡教育。面对死亡，很多人都是心存恐惧的，否认过、愤怒过、抱怨过、抑郁过，不知道究竟什么是死亡，该用何种具象化的东西来描述死亡。"生前契约"来自英国遗嘱信托，能帮助人们完成"从摇篮到坟墓"的旅程，现在已经开始在国内很多一线城市实行。"生前契约"的特点便是让人们在心理上充分了解死亡，让人们自己参与和安排自己的身后事，将之作为献给自己的最后一份礼物，欣慰和无憾之情也就油然而生，而一切也都会在生命的终点归于平静。

（二）故人沐浴仪式中治丧群体的心理折射

故人沐浴，指为逝者沐浴更衣，让逝者体面地离开人世。在中国古代丧俗中，叫作"抹尸"，主要是为逝者洗头、洗身、剪指甲、修胡子。现在沐浴结束之后还要为逝者化妆。虽然是中国古代就有的丧俗，但现在的故人沐浴理念、程序和手法是传统"抹尸"的现代化。日本电影《入殓师》中，一位叫尚美的女性逝者，在入殓师化腐朽为神奇的手下容颜焕发，让人感受到了她在生命的最后一刻被温柔以待，那是一种被爱与尊重包围下焕发的新生。此刻的丧亲者在心理上也感受到被关爱，家人是带着尊严离开人世的，之前的种种遗憾心理也会在此时释然，他们由衷地感到安慰。

2013年12月，我国第一支故人沐浴团队在上海市宝兴殡仪馆成立，负责人是原福建民政学校殡仪专业的毕业生，曾长期在日本从事入殓师工作的吴津娜。燃香、拂尘、沐足、修指、擦耳、洁身、按摩、化妆一整套仪式下来，曾经不理解为什么沐浴要收取费用的家属在仪式结束后不禁感慨：他们感受到了逝去亲人被尊重、隐私被照顾的无限温暖。整个故人沐浴过程都体现出了入殓师对生命的温柔、尊重和悲天悯人。丧亲者的内心在此时也会被尊重和温暖填满，感受到冰冷之外的一股暖意。

（三）竖灵、辞灵仪式中治丧群体的心理折射

现代的竖灵仪式发生在殡的阶段，即古时候的搭设灵堂。竖灵仪式中，通过

摆放遗像、悬挂挽联、引导家属燃烛、投放吉鲤、献花、行三叩九拜（或三拜九鞠躬）礼、合掌追思的环节，将逝者的灵位竖立起来以供丧亲者追思。仪式的各个环节充满着人文关怀，会为丧亲者带来心灵上的慰藉，找到悲伤情感的宣泄出口。

辞灵是出殡之前亲朋宾友向灵柩行告别礼的仪式。辞灵仪式是殡这一阶段将丧亲者悲伤情绪推向高潮的一个重要节点。因为在辞灵之后逝者就要被火化、安葬，丧亲者此时的哀恸心理尤为强烈，甚至有的丧亲者可能会出现哭泣、晕厥的情况，生离死别的艰难悲痛在此时显得极为明显。

（四）家祭、追悼仪式中治丧群体的心理折射

家庭祭奠仪式是在公奠仪式之前举行的，由丧亲者及亲属参与的小型祭奠仪式。它可以在丧户家里举行，也可以在殡仪馆举行。家庭祭奠仪式主要是丧亲者通过设灵堂、净手、敬香、三献礼、祭拜、祈愿、诵读祭文、献花等环节来表达对已逝亲人的怀念以及对其的美好祝愿。在现代三献礼中，丧亲者和亲属可以根据逝者生前喜欢的物品或是习惯来选择敬献内容，从而找到情感上与逝者的联结点。

新中国成立以后，我国推行殡葬改革，追悼会成为移风易俗的重要手段。到了现代，追悼会已经成为丧葬活动中不可或缺的一部分。追悼会中，通过默哀、追忆逝者生前影像、来宾致悼词、家属致答谢词、献花、送灵等仪式的安排，可以抚慰家属的哀恸心理。逝者已矣，生者珍重。如果后续一些家庭不再进行墓地安葬仪式，则追悼会将成为生者告别逝者的最后时间，也成为丧亲者、亲属和助丧者从悲伤回归正轨的时间。现在，随着丧亲者需求的增加，追悼会已经不再是模式化的追悼会，追悼会、追思仪式的个性化策划进入人们的生活中。个性化策划可以进一步满足不同职业、不同背景、不同性格的逝者和丧亲者的需求。在个性化的仪式中，可以让治丧群体重新认识逝者，聆听逝者独特的故事，找寻到逝者身上宝贵品格的光辉。丧亲者此时的悲痛心理和对逝者的依恋之情也会达到顶点。此外，仪式还会通过各种与众不同的环节设计，如祈愿、祝福、献花，让丧亲者在新的希望中感受到逝者精神力量的延续。

（五）火化、捡骨仪式中治丧群体的心理折射

逝者肉身变为骨灰之时，是丧亲者生死离别最直观的体现，茫然、悲痛油然

而生。因此，现代殡葬业研发了"生命晶石"，将逝者的骨灰分成若干份，以不同的形式进行保存，一部分可以在墓地安葬，一部分可以进行骨灰海撒，一部分可以制作成"生命晶石"。"生命晶石"是将骨灰通过高温高压烧制成晶石，便于居家保存，也可以将之制成饰品随身佩戴，使丧亲者感受到逝者没有与他们分离，从而得到心理上的抚慰。

（六）安葬仪式中治丧群体的心理折射

安葬时在墓中撒一抔家乡土，让离乡的游子重回家园，中国人讲求的"魂归故里""入土为安"在现代安葬仪式中得到淋漓尽致的体现。但在过度开发墓地的同时，人们也发现了其背后对环境的破坏以及对土地占用的隐忧。因此，2016年以来，国家着力推行节地生态的葬式葬法。倡导海葬，倡导将骨灰放入可降解的骨灰坛中埋进草皮下，不立坟，不树碑；将公园的建设要求融入墓园建设，形成远看是公园、近看是墓园的规划格局。随着时间的推移，骨灰坛降解，骨灰融入大地泥土之中，这样的安葬方式会让丧亲者感受到逝去的亲人已在大地重生。春暖花开、万物复苏之时，丧亲者看到生机勃勃的生态园区也会感受到生命蓬勃向上的力量。

（七）祭奠仪式中治丧群体的心理折射

祭奠，是为了和解；祭奠，是为了怀念；祭奠，是为了感恩。祭奠，蕴含着多种的心理内涵，它使治丧群体心理得到疏解，放下抑郁、焦虑，是重新回归当下生活的最好的宣泄方式。而随着殡葬走向绿色、文明、科学，祭奠也出现了更多方式来帮助丧亲者寄托哀思。黄丝带祭奠、放气球祭奠，可以让丧亲者放飞抑郁、焦虑，点燃新生活的希望；网络祭奠、微博祭奠，可以让丧亲者看到已逝亲人的容颜，学会珍惜当下，好好生活；植树祭奠，可以让丧亲者转移情感，种下生的希望。

三、东西方治丧群体的心理异同

东西方因为所受的关于生命、死亡的教育不同，在面对死亡事件时，治丧群体的心理表现也大有不同。中国著名儒家思想代表人物孔子在《论语》中曾论述过他对生死的观点，即"未知生，焉知死"。而德国哲学家马丁·海德格尔却提出了"向死而生"的概念，即人只要还没有亡故，就是向死的方向活着，人在这种向死过程中才能够感受到强烈的自我存在感。不同的文化传统，不同的精神需求，造就了治丧群体面对死亡事件的不同态度和心理。

虽然东西方在生死文化上有所不同，但是在某些方面仍然存在着一致性。一是面对死亡，都提出重视今生幸福的理念，逝者已矣，应该珍惜当下，重新回到生活正轨中去。二是都强调生死当中的精神永存，逝者优秀的品格、伟大的精神都是激励生者前进的动力。因此，东西方很多城市都建有烈士纪念碑或是烈士陵园，以此来为后人树立精神榜样。

小　结

治丧群体的殡葬心理产生于不同的亲缘关系、逝者不同的死亡原因以及所处的不同仪式阶段。应对治丧群体心理问题的方法重在三个方面：

一是依据治丧群体出现的不同症状，对症疏导，引导其将各种负面情绪宣泄出来；

二是加强生命文化教育，引导治丧群体正确面对死亡，"让逝者安息，让生者慰藉"；

三是注重挖掘逝者的高尚品格和精神内核，引导治丧群体赓续优秀基因。

知识拓展

1. 清明节

清明节是二十四节气中一个特别的时节，一般在公历 4 月 5 日前后。这一时节，万物复苏，是郊外踏青与墓祭的好时节，所以就衍生出了两项传统：一是慎终追远，祭拜祖先；二是踏青郊游。

关于清明节，也有着丰富的传说。相传春秋时期，晋公子重耳为逃避迫害而流亡国外。在一处杳无人烟的地方，他又累又饿，再也无力站起来。随臣找了半天也找不到一点吃的，正在大家万分焦急的时候，随臣介子推走到僻静处，从自己的大腿上割下了一块肉，煮了一碗肉汤让公子喝了，重耳渐渐恢复了精神。当重耳知道肉是介子推腿上的肉的时候，他流下了眼泪，大受感动。十九年后，重耳做了国君，也就是历史上的晋文公。即位后，文公重重赏了当初伴随他流亡的功臣，唯独忘了介子推。然而介子推不愿争功讨赏，他打好行装，同母亲悄悄地到绵山隐居去了。晋文公听说后，羞愧莫及，亲自带人去请介子推，然而介子推躲避不愿出来。绵山山高路险，树木茂密，找寻两个人谈何容易。晋文公手下献计，从三面火烧绵山，逼介子推露面。大火烧遍绵山，却没见介子推的身影，火熄后，人们才发现介子推抱着老母亲已坐在一棵老柳树下死了。晋文公见状，恸哭。装殓时，人们从树洞里发现一血书，上写道，"割肉奉君尽丹心，但愿主公常清明"。为纪念介子推，晋文公下令将这一天定为"寒食节"。第二年，晋文公率众臣登山祭奠，发现老柳树死而复活，便赐老柳树为"清明柳"，并晓谕天下，又把寒食节的后一天定为"清明节"。

2. 中元节

中元节，俗称"七月半""盂兰盆节"等。中元节在农历的七月十五，部分地区也在七月十四过。节日这天，人们带上祭品，到墓地去祭奠祖先。该节是追怀先人的文化传统节日，其文化核心是敬祖尽孝。

3. 寒衣节

寒衣节，在每年的农历十月初一，又称"十月朝""祭祖节"等，是我国传统的祭祀节日，流行于北方。这一天意味着寒冬的到来，不少北方人会在这一天祭扫，为已逝的亲人烧送御寒衣物，"寒衣节"由此得名。

思考练习

1. 女孩小草，25岁，其母亲在春节期间早起饮水，突发呛咳倒地，送院途中不治身亡。小草从小父母离异，由母亲抚养长大，与母亲感情极为深厚。请你结合本章所学内容，分析小草在处理母亲丧事过程中会出现何种心理困境。你作为殡葬从业人员应该如何进行慰藉？

2. 在一场追思仪式中，丧亲者用在逝者出生地取到的水与逝者工作地方取到的水进行了"融水仪式"。结合本章所学内容，请分析这一仪式环节反映出丧亲者什么样的心理？

3. 大多数北方人在亲人去世前会用毛巾简单为逝者擦身，以示让逝者带着洁净之身离开人世。而南方多地则采用故人沐浴的方式，通过沐浴仪式来表达对逝者的告慰。请结合本章所学内容，谈一谈你对故人沐浴的理解。

4. 结合自己的所见所闻，写出你遇到过的治丧群体曾出现的心理表现或心理困境，并提出相应的应对办法。

第五章
殡葬从业人员的殡葬心理

本章课件

学习目标

了解殡葬从业人员在面对死亡事件以及治丧群体时的心理状态；寻找其因工作、生活积累所产生的心理问题，通过分析现代殡葬改革理念下的多元化的殡葬从业人员，来挖掘殡葬从业人员的心理状态，从而为殡葬从业人员减轻心理压力、职业压力，探索出一些行之有效的方法，帮助殡葬从业人员走出心理困境。

第一节 殡葬从业人员

在现代丧葬活动中，除了治丧群体外，还有另一个参与治丧活动的重要群体——殡葬从业人员。从参与目的来讲，殡葬从业人员参与丧葬活动的目的与助丧者相同，即圆满完成逝者的丧事。但在性质上又与之有所区别，即殡葬从业人员所提供的服务是有偿服务。随着殡葬行业的发展壮大，殡葬从业人员的队伍也得到了发展壮大。

一、殡葬从业人员概述

殡葬从业人员的定义范围涵盖了殡葬行业的各个岗位。在大力推行殡葬改革、创新殡葬服务的当下，它已经不单单指殡仪馆、墓地的从业人员，而是延展到了当下的殡仪服务公司、"互联网＋殡葬"公司、殡葬设备与用品生产经营公司、殡葬协会等，人员范围也由遗体接运人员、遗体防腐整容人员、殡仪服务人员、遗体火化人员、墓地管理人员、行政人员，扩大至故人沐浴工作人员、民间殡葬策划人员、设备用品生产和销售公司人员、"互联网＋殡葬"公司人员等所有从事殡葬工作的人员。

殡葬行业越来越丰富，从业人员越来越多，但是他们对殡葬含义本身的理解以及对自身心理承受能力的考量一直是浅显的，且关注较少。人们总是将更多的目光投向治丧过程中悲痛欲绝的群体，却未发现实际上殡葬从业人员也是一个需要关注的群体，他们的心理在很大程度上会决定殡葬活动的走向。殡葬从业人员是否能够提供令服务对象满意的服务，是否能够使丧葬过程顺利圆满，是否能够与治丧群体有着和谐的人际相处方式，都是需要人们进一步关注的。

二、殡葬从业人员结构类型

随着我国殡葬事业的进一步发展、殡葬改革的进一步推进以及一批新兴殡葬理念的强势进入，现在殡葬从业人员的结构较从前发生了巨大的变化，已经开始从曾经的"父一辈、子一辈"朝着社会化的方向发展。经过归纳总结，现有的殡葬从业人员结构类型大致可以分为以下几种。

（一）继承型

"子（女）承父（母）业"是殡葬从业人员中一个特别明显的特征。因为殡葬行业本身存在的特殊性，加上社会群体对殡葬行业的不良认知，使得很多人都对这个行业敬而远之，不愿意从事殡葬工作，殡葬人才极度匮乏。而一直从事殡葬工作的人的家属却早已经熟悉了亲人工作的环境，耳濡目染，他们理解殡葬从业人员的辛苦，也对行业有着感同身受的同理心。他们觉得干殡葬工作，将逝去的生命有尊严地送走是值得骄傲的事情。因此，殡葬行业里子承父业的情况占据了大多数。

2014年曾受民政部表彰的广东省阳西县殡仪馆遗体火化工许秀家就是一名子承父业的80后火化工，在他的眼中"干殡葬也是为人民服务的"。就是秉持着这种理念，他刻苦钻研火化技术，提升自己的业务能力，成为一名火化技术的行家里手。在杭州殡仪馆还有着一家三代从事殡葬的工作人员。爷爷、爸爸、孙女，他们将自己称为"黑衣天使"，虽然面对的一直都是冰冷的遗体，但他们始终怀揣着火热的祝福之心，伴随着逝者走完最后一程。

(二) 学院型

当前,随着移风易俗的殡葬改革进一步深化、社会思想的进一步开化,社会大众对殡葬行业的认知也在逐渐发生着改变。很多家庭也因为家庭成员在生命最后的时刻得到过殡葬从业人员的尊重以待,开始摆脱对殡葬行业的传统认知偏差。同时,一部分来自殡葬从业人员家庭的青少年希望能够在技术上获得更大提升,学习到更多关于殡葬的文化知识和操作技术,从而选择到开设殡葬专业的职业学院进行学习。

在学院,学生能够对殡葬专业进行更加系统化的学习,具体可以从防腐整容、殡仪服务、陵园设计、火化四个专业方向提升自我。此外,还可以在选选修课时选择自身想要再深入学习的方向来增强综合能力。教学实习、假期实习、见习实习、顶岗实习、校企合作也会给予学院型殡葬从业人员深入殡葬一线从事实际工作的机会。经过学院洗礼的殡葬从业人员,能够具有更加广阔的从业思路和视角,对殡葬行业新生事物的理解能力也较老职工要快,对于未来殡葬行业的发展具有积极的推动力。

截止到2019年末,全国共有八家院校开设殡葬专业,五所为大专,三所为中专,分别为北京社会管理职业学院、长沙民政职业技术学院、武汉民政职业学院、重庆城市管理职业学院、安徽城市管理职业学院、福建省民政学校、黑龙江省民政职业技术学校、河南省民政学校。除上述八家殡葬专业毕业的学生成为殡葬从业人员以外,近年来也有相当数量的各类高校的应届毕业生进入殡葬行业,大大提升了殡葬从业人员的整体素质。

(三) 转行型

【案例】

为某青年演员策划过追思会的上海女孩卫某,之前曾是一名婚庆设计师,后来因缘巧合转行成为一名个性化葬礼策划师。在布置个性化葬礼场地的时候,她发现原来的一些工作理念也可以应用到现在的场地布置中,从而能够更加全面地满足丧亲者的需求。

作为从其他行业转行而来的殡葬从业人员,依据时间的先后基本可以分为两类:一类是退役士兵,一类是由其他行业转至殡葬行业的转行者。之前,我国的退役士兵安置工作隶属于民政部门，殡葬管理所也隶属于民政部门。因此，曾经有相当一部分的退役士兵选择到殡仪馆、墓地工作。此外，还有一些人之前在其他行业有过工作经验，因看重殡葬行业的工作稳定，社会地位在不断提升转而投向殡葬行业；一些人从事原工作时曾与殡葬行业有过接触，从而加深了解转而投向殡葬行业；一些人因为殡葬行业改革创新后，看重行业的市场和发展前景，研发出新型产品，转而投向殡葬行业。当前，转行型的殡葬从业人员占据了殡葬行业的半壁江山，以强势之姿介入殡葬行业中来。

近几年，"生命晶石""互联网＋殡葬""3D 打印""故人沐浴""生前契约"等新兴的殡葬理念和产品，在殡葬行业里如雨后春笋般出现，从而使一批之前从事互联网、保险等行业的相关人员转而开始进入殡葬行业就业。服务内容的扩大、人员的增长、丧户需求的增加为殡葬行业带来了新的发展，同时也带来了新的挑战。在新的历史机遇下，如何调节殡葬职工心理，为丧户提供更加优质、个性化的服务，是新形势下我们需要探讨的新议题。

第二节　殡葬从业人员心理健康状况

在中国，殡葬从业人员因受各种原因影响，会在心理上出现正面或负面的情绪。作为殡葬行业的主体执行者，他们的心理健康状况直接影响着殡葬工作是否能够得到专业、高效的施行，也关系着他们的职业认同感、人际关系、个人内心的获得感、幸福感以及婚恋心理。

一、心理健康表现

对于心理健康，美国著名心理学家马斯洛和密特尔曼曾提出了经典的十条标准。他们经过分析得出，心理健康的人会有如下的心理表现。

第一，内心会有充分的安全感。

第二，能够充分了解自我，并且对自己的能力有适度评估。

第三，生活目标能够切合实际。

第四，能够与现实环境保持接触。

第五，能保持人格的和谐、完整。

第六，具有从经验中学习的能力。

第七，能够保持良好的人际关系。

第八，具有适度的情绪表达与控制能力。

第九，在不违背社会规范的条件下，能够对个人的基本需求作恰当的满足。

第十，在集体要求的前提下，能够较好地发挥自己的个性。

健康的心理表现可以为人的工作和生活带来正能量，从而让人身心愉悦，获得意想不到的收获。一是可以带来个人能力的提升；二是可以带来意想不到的机遇和平台；三是可以带来自我内心的获得感；四是可以带来自信心的提升；五是可以带来良好的人际关系；六是可以形成良好的职业认同感。面对着一个低调的行业，将心理状态调试到最佳，是应对工作过程中出现各种问题的基础。

二、殡葬从业人员心理概述

依据第一节所述的殡葬从业人员的定义范围，现今的殡葬从业人员主要来自以下五个板块的殡葬单位：殡仪馆、墓园、社会殡仪公司、殡葬用品生产经营单位以及殡葬管理机构。因这五大板块的从业人员面对的服务对象、自身所处的工作环境、业务范围有所不同，其整体的心理表现也略有差异。

1. 殡仪馆

殡仪馆从业人员工作的环境常年都是以冷肃、哀伤为主的。从接运到防腐整容、遗体告别，再到遗体火化，他们是与丧户、逝者遗体有着最直接接触的工作人员，经年累月的哭泣声伴随着他们的日常工作，有的人对此会产生焦虑情绪，有的人会有较低的职业认同感，还有的人会产生因职业歧视带来的挫折感……他们的心理状况在五大板块的从业者中是最为复杂的。

2. 墓园

墓园从业人员的服务对象一部分是与殡仪馆一样的甫一丧亲的丧户，但更多的是在逝者纪念日前来祭扫的群众以及前来购置墓地的人。大部分服务对象在情感上已将哀痛情绪更多地转化为缅怀纪念之情，所以墓园从业人员在面对服务群体时的心理与殡仪馆从业人员相比有较明显的不同。但墓园从业人员仍然会面临着来自行业以外群体对殡葬从业人员的不同声音，以及自己在寻求职业发展方面的无力感和倦怠感。

3. 社会殡仪公司

社会殡仪公司的数量在近些年快速增长，在殡葬市场中的比重也越来越大。

"故人沐浴"、个性化丧葬仪式服务、"生前契约"等新的殡葬经营理念层出不穷，给传统殡葬市场带来了巨大的冲击。但因很多社会殡仪公司招聘的从业人员多为其他职业转行而来，一般缺乏对殡葬行业的正确认知和充分的心理准备，面对一些突发事件导致死亡的逝者，行为上呈现出较大的不确定性。加之各公司之间因竞争带来的职业压力，使得很多从业者的心理状况不容乐观，频繁跳槽情况屡见不鲜。

4. 殡葬用品生产经营单位

殡葬用品生产经营单位的从业人员主要是殡葬所需的用品、设备设施的生产人员，其中还有一部分是从事销售的人员。与上面三个板块中的工作人员相比，除销售人员需要与殡仪馆、墓园有所接触外，其他工作人员则是与遗体、丧户接触最少的人。他们除了生产的产品与殡葬有关以外，工作环境和生产方式等与其他工厂几乎无差别，其心理表现较上面三个板块的人员要好一些。不过，较简陋的工作环境、较高的生产定额和机械化的流水作业带来的去情感化，以及自身缺乏对行业的融入感也使得他们在心理上呈现出一定的问题。

5. 殡葬管理机构

殡葬管理机构中的从业人员有一部分是有多年殡葬从业经验的工作人员，通过一步一步基层锻炼走到管理岗位；还有一部分是民政系统内部进行工作调整，由非殡葬单位调入的工作人员。他们作为政府殡葬管理部门的工作人员，对所属区域的殡葬经营服务机构行使行政管理职能，包括制定本地区殡葬政策和殡葬规划、推动本地区殡葬改革、监督执法等。由其他单位调入殡葬管理机构的从业人员由于以前没有接触过殡葬行业，在心理上会对其存在一定程度的忌讳，这需要在日后的工作中进一步认知了解殡葬进而予以解决。而由殡葬基层岗位走向管理岗位的从业人员，如不能及时调整自己、正确定位的话，有时会出现某种心理落差，会觉得无所事事，进而产生没有工作动力、没有进取心的问题。不过对于这一类从业人员来说，最大的问题是要克服在管理工作中出现的职业倦怠和懈怠心理。只有严谨细致、认真热忱，才能助力殡葬改革取得更大的成绩。

三、殡葬从业人员的积极心理表现

多数殡葬从业人员在选择这份职业的时候，就提前为自己做了心理建设。尤其是上文提到的"子承父业"的从业人员以及在院校学习过的殡葬专业的学生，前者已经耳濡目染多年，后者入学时就有心理准备且曾经在相关的殡仪馆、殡仪公司或墓地有过实习。而其他的一些新介入殡葬行业的公司，也会在从业人员入职时开展相应的培训来增强员工的心理素质。因此，他们在从业时会存在着较为积极的心理表现。经过归纳总结，大致有以下几种表现类型。

1. 热忱

【案例】

某位毕业于殡葬专业院校的学生虽然工作于一个三线城市的殡仪馆，每天能够火化的遗体也仅仅只有20多具，但这并不妨碍他努力向上，始终都对工作充满着热情。他保存着上学、培训时所有老师给予他的资料、讲稿，闲暇时间便自己研究，将其与自己的实际工作相结合，开发新的服务项目。他常说"机会是留给有准备的人的"。虽然新的服务项目在当地全面推广还有一定难度，但他依靠着这些积累在其后的全国比赛中大放异彩，取得了极其优异的成绩。在总结自己比赛经验时，他表示所有的成绩要归因于他有一颗热忱的心，冰冷的工作环境是需要一颗有温度的心来温暖的。

热忱，是指支持某个人完成目标的激动迫切之情。选择殡葬这样一份与众不同的职业，是需要有极大的决心和勇气的。从业人员会提前想到各种各样的未来职业中所面临的可能，如因意外导致的遗体损毁、与丧亲者之间的沟通不畅、与同事之间的人际关系问题、职业歧视、婚恋困难等。提前做好心理准备往往会使他们对殡葬行业有着极高的工作热忱，不会被眼前的困难打倒。工作热忱，是每一个从业人员在就业过程中都应该一直保持的。从业人员应该用自己的热忱让更多人理解人逝去时还会有另一种可能。

2. 乐观

【案例】

某殡仪馆的殡仪服务员为人乐观幽默，日常工作中总是能用自己乐观的心态来感染周围的同事。同事在遇到困难和问题时也愿意与他聊天，他总能用幽默来化解一切。其实，乐观是对抗抑郁、焦虑、压抑的有效手段，乐观也是殡葬行业特别需要的一种心理品质。

乐观，是指面对一切事情都保持阳光的心态。生让人欢喜，死亦不让人讳莫如深。虽然从事的是一份悲伤笼罩的职业，但是很多殡葬从业人员都表现出了乐观的心态。冰冷的遗体、面目严肃的工作状态、不绝于耳的痛哭声，如果一直都是在压抑的环境中工作，殡葬从业人员自身也将陷入压抑和低落。因此，我们经常会看到多才多艺、兴趣广泛、乐观向上、充满正能量的殡葬从业人员。他们用乐观制衡压抑，虽然工作是黑白的，但生活是彩色的。

3. 尊重

【案例】

在日本从事入殓师多年、回国开创故人沐浴的吴津娜在国内为一位逝者沐浴时的做法，让家属真正地感受到了对逝去亲人的尊重。老人因生前长期卧床患有严重的褥疮，遗体被送到殡仪馆时身体伴有褥疮的味道。吴津娜设身处地地考虑，无论是谁都希望在死后能够干干净净地离开。因此，她在很好地顾及到老人隐私的情况下，轻柔、细心地为老人完成了沐浴，让老人面容焕发精神、身无异味、干爽洁净地走完了最后一程。丧户为此表达了由衷的感谢，也对她所从事的职业有了新的理解。

尊重，是指无论对待什么事情都要抱着尊敬、重视的心态。殡葬从业人员面对的服务对象是逝者和治丧群体。亲人去世本身就是一件令人难过的事情，丧亲者在心态上会很悲痛，一句"请节哀"或"请珍重"都可以让丧亲者感受到来自殡葬从业人员的尊重，内心的伤痛或多或少会得到抚慰。逝者是殡葬从业人员的直接服务对象，更是需要被尊重的。因此，在殡葬工作中，遗体接运工会小心、细致地装殓逝者的遗体入棺，让家属感受到逝者走得安稳；遗体化妆师会按照逝者最后的身体状况选择适合他们的妆面，让他们看起来安详、平静；遗体整容师会依照意外身故的逝者生前最好的形象来缝合、填补好他们的伤痕，让丧亲者心头的阴霾释然；故人沐浴师会温柔细致地擦洗、按摩逝者每一块肌肤，让逝者洁净地离去；殡仪服务员会遵照逝者的身份背景、兴趣爱好策划适合他们的告别仪式，让每一位来宾感受与逝者之间的共鸣。尊重是相互的，丧亲者感受到殡葬从业人员对逝者和家属的尊重，他们也会更加感激、尊重殡葬从业人员。

4. 宽容

【案例】

日本电影《入殓师》中的男主人公与老入殓师曾因误会被逝者家属责难，但老入殓师却心怀宽容，尽心尽力地完美重现了逝者生前美丽的容颜。这不仅感动了家属，更让初入入殓行业的男主人公坚定了自己的选择，成为一名入殓师，殓尽众人伤痛，还逝者尊严。

宽容，是一种能够宽恕、理解他人的心态。因为殡葬是一个服务行业，每天需要面对很多丧户。丧亲者因为亲人的离世，会存在着某些负面情绪，甚至有的丧户会因为一点问题情绪愤怒。殡葬从业人员拥有的宽容的心态在此时就显得非常重要，宽容的心态可以将大事化小、小事化了。有一颗同理心，能够站在丧亲者的角度思考问题，理解他们的忧伤和愤怒，为他们提供最佳的问题解决办法，矛盾自然就迎刃而解了。

5. 勇敢

勇敢，是一种不畏惧的心理。对于一个常年与逝者打交道的职业，其实最先能够在殡葬从业人员身上感受到的就是他们的勇敢。在面对破败遗体的时候，他们敢于用自己的责任和技术重塑逝者的容颜，给予家属心灵上的安慰，实现"让逝者安息，让生者慰藉"的职业诺言。这是一份沉甸甸的勇敢，与其他职业相比，这份勇敢是让人无比敬重的。

与其他几个工种相比，殡葬行业整体上对遗体防腐整容师勇敢的要求要高一些。因为他们要面对形形色色的遗体，如正常、意外、腐烂、泡水。在炎热的夏季，阵阵腐烂发臭、令人呕吐的味道考验着防腐整容师。真实感知遗体样貌、熟悉遗体的味道、克服恐惧心理成为他们入馆后的第一堂必修课。

6. 坚持

【案例】

王刚，2019年民政部"孺子牛奖"获得者，上海市龙华殡仪馆遗体整容高级技师。他始终坚持提升技术，坚守在遗体整容第一线。为了让逝者的面部看起来更加生动逼真，光是研究眉毛、头发就可能要花费他七八个小时时间。正是靠着这种坚持，2015年，他的"妙手回春"让在天津港大爆炸中牺牲的仅剩

> 三块骨头的19岁战士小王的遗体被重塑，为逝者留下了最后的体面和尊严，告慰了英雄，抚慰了丧户，生动诠释了一名殡葬从业人员的初心和使命。

坚持，是一种不放弃、持之以恒的心态。在全力推行殡葬改革的当下，我们看到了殡葬人的坚持。移风易俗，文明节俭办丧事，将科学、绿色、文明的殡葬新主张带给广大人民群众，还大众一片绿水青山，是殡葬从业人员一直以来的坚持。在这种坚持下，我们看到了生态安葬，让人在实现"入土为安"的同时不占用土地。"事死如事生，事亡如事存"是殡葬从业人员面对丧户一直坚持的准则。因此，我们看到了故人沐浴，让逝者如生者一般感受到被温柔呵护。"死生皆大事，事无小事"是殡葬从业人员在追求技术提高时坚持的底线。在这种底线的坚守下，我们看到了殡葬领域的"工匠精神"：每一针缝合都要精确，每一炉火化都要精细，每一个名字都要精准。

7. 勇于尝试

> 【案例】
> 　　南京雨花功德园纪念园，"3D生态云葬"的出现打破了旧式的安葬手段。传统的直立式壁葬被改造成为圆柱体的壁葬，人们可以通过扫描墓盖上的二维码为逝者建立网上的哀思平台。"云祭奠"改变了人们的传统祭奠习惯，将互联网引入殡葬活动中，通过二维码技术实现生者对逝者的具象化追思。未来在科技创新的驱动下，互联网必将更加深入地进入殡葬工作的各个领域，在为殡葬从业人员带来智能殡葬的同时，也能够帮助众多难以到场的丧亲者解决远程祭祀的问题。

勇于尝试，是指具备创新意识，敢于推陈出新。殡葬行业是一个动态发展的行业，并不是一成不变的，其中很多理念和产品会随着时代、科技前进的步伐而不断向前发展。当前，随着丧户需求的改变，殡葬从业人员也在不同领域进行着多种尝试。个性化葬礼策划，能够有效满足逝者及其家属的个性化需求，告别千篇一律模式化的悼词，让每一句话都表达着丧亲者对逝者深深的思念。环保火化机，让火化工告别有害烟尘，精准地火化每一具遗体。生前契约，让当事人直观感受自己的身后事，放下对死亡的恐惧。

8. 抗逆心理

【案例】

> 湖北省某市在 2000 年 6 月启动殡葬改革"零点行动"后,火葬场经常会受到有抵触情绪的丧户的刁难,很多丧户从行为或言语上攻击火葬场的工作人员。但是,该单位领导在面对这种逆境时,并没有被打倒,而是时刻告诫自己:在与传统丧葬陋习抗争的当下,一定要用耐心、善心、诚心对待每一位丧户,妥善解决每一个丧户的问题。最终,在他们的努力下,丧户的态度逐渐发生变化,越来越多的丧户开始理解殡葬改革是为了子孙后代的幸福。

抗逆心理,是指具有抵抗逆境的心态。殡葬从业人员的职业环境决定着他们的工作并不可能总是一帆风顺的。面对逆境,能够以强大的能力和心理状态来解决问题是非常重要的。有的时候,在处理丧事过程中殡葬从业人员会受到来自丧户的刁难,甚至是无端的指责和投诉。一部分工作人员能够冷静分析,提出办法,圆满地解决问题,这便是抗逆心理的最好体现。

9. 职业认同感

【案例】

> 八宝山殡仪馆的主持人董子毅,曾是一名出色的军人,对殡葬的职业认同感使他走入了这一行,一路前行,成为一名金牌司仪。即使已经对当天的流程烂熟于胸,他依旧不停地在脑海中、心中重复着悼词。他在手机里存了上百首可以当作追悼会背景音乐的乐曲,为自己的工作时刻做着积累。

职业认同感,是指对自己所从事的职业高度肯定、认可的心态。在部分从事殡葬工作的人员中,选择成为殡葬从业人员的人大都是有着强烈的职业认同感的。他们认同自己的身份和职业,尤其是在为逝者成功整容化妆后家属万分感激时,内心会产生极大的自豪感。这种职业认同感是他们能够继续坚持走下去的动力,也是他们未来追求职业生涯进步的重要基石。

10. 获得感

获得感,是指人们感受到自己努力后所呈现出的满足感。在殡葬从业人员中,我们常常能够看到丧户激动地向整容师、殡仪服务员表达感谢。因为,是他们用敬业的工作态度和匠人般的技能水平,化腐朽为神奇,将逝者体面而又有尊严地送走。丧户由衷的感激会让殡葬从业人员获得更大的动力,激励他们在今后的工作中继续努力。

现在,每一年清明节前后,全国各地都会有殡仪馆面向公众举行开放日活动。开放日活动中,殡仪馆会邀请社会大众近距离感受殡仪馆温馨的环境、为逝者沐浴、主持个性化追思仪式、展示遗体火化的过程,并请馆内的职工与大众近距离交流。开放日活动的举行,拉近了社会大众与殡葬从业人员的距离,给予公众一个了解、理解殡葬职工的机会,也使殡葬从业人员在获得大众肯定中得到强烈的获得感。

 四、殡葬从业人员的消极心理表现

任何事物都是具有两面性的,确实有一部分殡葬从业人员具备积极的心理表现,但在具体工作中仍然还有一部分从业人员存在消极的心理表现。这些消极心理表现在一定程度上阻碍着其自身发展,也为新时期推行殡葬改革增加了难度。2015年发布的《殡葬绿皮书:中国殡葬事业发展报告(2014~2015)》中指出,殡葬行业职工的心理健康状况当前不容乐观。

1. 恐惧心理

除了遗体防腐整容师,对于其他工种或一些不需要直接进馆工作的殡葬从业人员来说,即使是做了万全准备,在面对特殊遗体时依然会出现恐惧心理。强烈的尸臭、泡胀的身体,这种特殊的视觉环境会令他们感觉到身心不适,进而产生厌恶和恐惧心理。尤其是在殡葬行业规模进一步扩大的当下,一些设备开发公司的业务人员、产品开发公司的业务人员在与殡仪馆进行接洽时,或多或少会遇到这些情况。由于他们多为转行过来的人员,没有经历过多专业的培训,在遇到上面所说的情况时,会不由自主地害怕和厌恶,甚至是对殡仪馆产生恐惧,难以开展业务。

2. 人际关系敏感

【案例】

在殡葬行业至今还有一个习惯——非特殊情况一般不主动握手。曾有记者在采访一位老遗体接运工时主动与师傅握手,师傅明显没有反应过来,愣了一下才伸出手与记者握了一下。师傅的解释是,他一般不主动与他人握手,因为接触遗体,担心沾染细菌影响他人,或担心别人介意。

在殡葬行业，即使是特别出色的从业人员，在与他人交往的时候都十分小心谨慎，担心会引起他人心理上的不适。打电话不说"你好"，与人告别不说"再见"，职业的特殊性使得很多殡葬从业人员的人际关系异常敏感。尤其是在碰到有同学、朋友结婚时，他们都不介绍自己的职业，担心对方感到尴尬。

3. 压抑感

【案例】
>   某地殡仪馆的司炉工每天都要闻着遗体的特殊味道，听着火化炉轰轰的声响，心情非常压抑、郁闷，难以排解，出现了坐立不安、肌肉震颤以及呕吐等症状。经过医生鉴定，这是由于内心压抑而导致的症状躯体化。后来，单位出于对其健康的考虑，将他调离原岗位。

殡葬从业人员的工作环境常年都是面对着悲痛、抑郁的丧亲者。即使是一名乐观的殡葬从业人员，依旧要在工作中压抑自己的情绪来表达自己对逝者的尊重。有的从业者因为长期处于这样一种压抑的环境中，从而产生了躯体化的问题。

4. 焦虑、抑郁

与第三种心理表现类似，长期处于一种负面情绪较多的环境中，会有一部分殡葬从业人员产生焦虑心理，严重的甚至发展为抑郁。处于负面环境，负面评价较多，缺乏宣泄渠道，自身调节能力较差，使得焦虑、抑郁在殡葬从业人员中占有的比重相对较大。在2015年《殡葬绿皮书：中国殡葬事业发展报告（2014~2015）》中就有提到，经过对383份问卷的统计，殡葬职工中患有焦虑的占38.48%，抑郁的占30.32%。

5. 挫折感

【案例】
>   曾有一位28岁的女性殡仪服务人员就是因为在相亲的时候说了自己是在殡仪馆工作的，男方当即起身离去，给该女士造成了极大的挫折感。之后再与人相亲时，她都尽量避免说到自己的工作单位。正是这样一种挫折感使很多未婚青年最终只能在系统内解决自身的婚姻问题，有一部分至今还处于单身状态。

有一部分殡葬从业人员在工作后会感觉到工作没有获得感，干什么事情都有种挫败的感觉。对于殡葬从业人员来说，挫折感还来自婚恋上的挫折。同龄的朋友、同学都已经结婚了，但因为职业的特殊性，有很大一部分殡葬从业人员无法顺利在行业外择偶，婚恋圈子狭小成为他们存在挫折感的重要原因。

6. 耻辱感

较上一种挫折感，耻辱感在程度上要更为严重一些。部分殡葬从业人员因为受到过太多的负面评价，对于自己的职业认同感降低到零，产生了耻辱感，自尊心受到了强烈的打击。再加上一些人因为内心并不坚定，他人所说的话容易对其产生影响，造成了耻辱感的加重，低自尊也由此出现。一部分难以承受他人有色眼光的从业人员不得不因此选择另谋他路。

7. 茫然、失落

【案例】

某殡仪服务公司接收了一批毕业生。其中一名在学校期间就到该公司实习，与公司的同事相处得非常融洽，且在业务上也具有相当不错的水平。还有一名来的时间较晚，但是能力也不错，很快就成为小组长，不过自从出现了一次接待事件的失误，让他开始不确定自己是否适合这一行。公司对其错误进行了相应的处罚，将其组长的位置安排给了来得较早的那位，但并未将其调离服务岗位。现在的他比较茫然，不知道自己何去何从。这一段时间之所以还留在公司是他舍不得离开和他关系特别好的同事。

即使已经在殡葬行业从事一定时间的工作，有一部分殡葬从业人员依旧对自己的工作和前途存在着茫然的心理。他们不知道该如何发展自己的职业生涯，也不知道自己究竟适不适合从事殡葬行业。留在殡葬行业的原因是目前的薪水状况基本可以满足家庭生活的需要。此外，还有一部分从业者总会有"英雄无用武之地"的失落感，感觉身上有千斤的劲儿却一点也使不出来，所以工作中的兴致也不高。

8. 牢骚满腹

【案例】

某殡葬从业人员在一次接打丧户电话的时候，误将丧户说的要四个花圈听成了要十个花圈，造成了丧户的经济损失。丧户对此进行投诉。该工作人员非

> 但不觉得自己错了，还到处和其他工作人员抱怨说丧户的普通话太差了，结果被丧户听到了。随后，该名工作人员被单位解聘。

部分殡葬从业人员所在的殡仪馆环境较差，能够提供的服务质量也不高，还经常会收到来自丧户的投诉。常年接触到的都是这样的工作环境，让他们极度不满意，有时甚至出现了厌恶的心理。他们对自我现状极度不满，却无力改变，常常在嘴上抱怨这抱怨那，牢骚满腹便成为他们的发泄口。

9. 麻木

> **【案例】**
> 某殡仪馆由于业务开展比较单一，几乎每天只能举行几场简短的追悼会，每一场的时间也都不超过10分钟。日复一日，追悼会主持人早已失去了年轻人该有的激情，每天只是面无表情地将悼词念完，便嘱咐家属将花圈抬走。在他的工作状态里，麻木已经占据了主导地位。

对于一些殡葬从业人员来说，他们每天都在做着一样的事情，周而复始。同样的悼词模板、同样的悼念大厅、同样的追悼会时长，当习惯持续长久，就会产生麻木心理。其实，很多殡葬从业人员都面临这样的问题。每天都在不止一遍地重复同一件事情，他们会没有激情，变得麻木不仁。对于遗体防腐整容师来说，也同样如此。每一天面对的都是逝者的遗体，他们也会对遗体产生麻木感，那份职业最初带来的认同感和尊重感也会随着时间的推移消失殆尽。

10. 孤独感

> **【案例】**
> 一位从事多年火化工作的殡葬从业人员在历经了离婚、父母去世等变故后患上了抑郁症。他觉得每天在单位就是一个人，回到家还是一个人，孤独笼罩了他，令他觉得喘不过气来。在孤独中，他甚至产生了幻听、幻觉，觉得已经去世的父母一直在召唤他。鉴于他的情况，单位决定暂时将其调离工作岗位进行修养治疗。

在面对着黑白、冰冷、压抑、无声的环境时，有些殡葬从业人员的内心会产生孤独感。随着孤独感的深入，周围没有人能够帮助他们缓解，他们进而会产生自暴自弃的心理，觉得周围的人都抛弃了他们。这种孤独感有时候是很难克服的。因为殡葬从业人员，尤其是遗体防腐整容师、火化工所面对的都是无法呼吸、无法说话的逝者，孤独是他们工作的常态。

11. 压力过大

【案例】

　　某地一区域有两家殡葬单位，一家是传统公立殡仪馆，一家是营业不久的民营殡仪馆。附近曾有一户居民因父亲去世时自己及家人身在国外，难以归国举行告别仪式，便通过亲属将父亲遗体火化。该居民及家人归国后到传统公立殡仪馆咨询，想为桃李满天下的父亲举行一场追思仪式来缅怀父亲，但该殡仪馆因从未承接过个性化的丧葬仪式而拒绝了该居民。该居民几经辗转，终于与民营殡仪馆取得联系并达成共识，为逝者策划了一场简单、朴素却盛满真挚情意的独特追思仪式。逝者生前好友、学生来到追思仪式现场，通过视频影像、逝者遗物等与逝者展开了感人至深的"隔空对话"，缅怀了逝者，慰藉了家属。这家民营殡仪馆也因为这场特别的追思仪式收获了越来越多的客户。相差不多的费用，却缺少有针对性的个性化服务，传统公立殡仪馆因不思求变，业务急剧缩水，工作人员也由此感受到了来自行业新兴力量的巨大压力。

　　随着一些新兴殡葬企业的出现，殡葬行业竞争逐渐激烈。同时丧户的殡葬需求不断提高，而传统殡葬单位"等客上门"的经营理念和"朝南坐"的经营习惯，使自己的市场空间不断被压缩。加上殡葬从业人员的职业素养的差距，公众治丧满意度不高，从业人员明显表现出了巨大的压力。

　　其实，在实际工作中，殡葬从业人员所面临的突发问题要远远多于上面案例所述。人生活在社会中，受多方面因素影响都会或多或少地产生消极心理、负面情绪。对此，我们要做的是深刻挖掘其原因，寻找到相应的解决办法来帮助他们摆脱困境，实现心理救赎。

五、殡葬从业人员消极心理产生的原因

　　世界上的事物是存在着必然的因果关系的。人们生活在一个庞大而又复杂的世界里，而殡葬从业人员的消极心理，也并不是由单一原因所导致的，它

是由社会中微观、中观、宏观不同层面的多种原因导致的。下面结合殡葬从业人员的实际心理情况，从微观、中观、宏观三个层面展开思考，来对其产生消极心理表现的原因进行分析、总结。

（一）微观层面原因

从微观层面上来说，殡葬从业人员的消极心理产生源自其本人和家庭。

1. 个体原因

（1）文化修养所限

现在大部分的殡葬从业人员存在文化水平偏低的问题。经统计，现在殡葬行业从业人员的学历水平在大专以下偏多，整体为高中或偏低水平。文化水平低，造成了从业人员自身在竞争方面的能力也较弱，一旦出现较大工作压力，几乎很难进行调适。我国很多地区的殡葬企业便因为殡葬从业人员的文化素养水平不高，导致其在与丧户进行沟通的时候出现了语言与行为不统一的状况，引发了诸多投诉事件。

文化素养影响人的视野。殡葬是一个群体活动，从业人员也不应是单打独斗的。在故人沐浴中，往往看到的是多人协作完成对逝者的沐浴；在告别仪式中，往往是多位礼仪人员协助主持人完成仪式。因此，个体在文化素养上所存在的劣势使得他们很难不产生消极心理情绪。

同时，在大力推行殡葬改革的今天，在各种高科技手段、理念、产品进入殡葬领域之时，文化素养低往往造成了殡葬从业人员难以跟上改革的步伐，跟不上新鲜事物的节奏，这会导致他们能够从职业中获得的成就感、幸福感较其他行业的人相对要少。

（2）自身心理承受能力差

长年从事殡葬工作，面对负面情绪颇多的丧户，部分殡葬从业人员出现了畏惧、焦虑、抑郁、麻木等问题。这实际上是殡葬从业人员自身心理承受能力较差所致。

一般情况下，人在出现心理承受力差的问题时，会同时存在解决问题差的问题。抗压力差、心情不好，又难以找到有效的出口进行宣泄，消极负面情绪持续累积，长久下去就会出现抑郁的情况。一些从业者又自暴自弃下去，进而就会对一切事情都不闻不问，冷漠麻木。因此，有的时候会在殡仪馆、墓地看到一些从业人员面无表情地接待前来咨询洽谈的丧亲者，对丧亲者所问的问题也表现出不耐烦的态度。这样的状态很明显地反映出了殡葬从业人员自身在心理承受力上面的弱势，这亟待采用专业的方法进行调整，否则将会给单位、企业带来口碑的负面影响。

（3）情绪控制能力差

某些殡葬从业人员之所以会出现牢骚满腹、愤怒的心理状态，其实是与他的情绪控制能力差有关的。殡葬行业是服务性行业，其中的殡仪馆、墓地如今更是窗口单位，它起着政府与社会大众之间重要的桥梁作用。一个情绪控制能力差的人，在接待服务对象时牢骚满腹，必定会引发相应的投诉，这为殡葬单位提升服务质量带来巨大的阻碍。

同时，情绪控制能力差还会造成人际交往困难。动不动就与人争吵、愤怒，会使丧户、同事、家人都失去与之沟通交流的耐心。殡葬是一个人际关系较为敏感的行业，因为自己情绪控制能力差，不好好维系与他人的交往，会严重影响到从业人员自身的职业生涯。

（4）同理心不足

殡葬是一件悲伤的事情。从业人员总是处于一个相对压抑的氛围，自己的心理、情绪、情感也会变得压抑，工作时间长了，看惯了太多的生死离别，且又不善于进行自我调整，难免会变得麻木。麻木会让从业人员逐渐失去同理心。同理心不足，从业人员那份对于逝者的尊重就可能降低。殡葬从业人员要有同理心，它会让人站在逝者或是丧亲者的角度去考量问题，生死大事，谁都希望能够顺利圆满地结束。用负面情绪将自己包裹得严实，会让本来能够获得的彼此尊重付诸东流。

（5）认知偏差

有些殡葬从业人员会对自己的职业有挫折感、耻辱感，缺少幸福感；有些殡葬从业人员会对服务的逝者有恐惧感；有些殡葬从业人员有时会有失落感。究其原因，许多是来自自身在认知上的偏差，即从业人员以往在工作中存在的负面经验被放大。如曾经伸出手想要与人握手，对方却没有伸出手；同学请了所有人参加婚宴，却唯独没有请他；丧户总是用排斥的语气和他说话；等等。

（6）个人无力感

殡葬从业人员在工作和生活中的负面评价、负面经验、负面环境会使其产生对生活的无力感。他们觉得自己始终笼罩在一片黑云之下，这种无力感逐年增加，自己却没有什么力量和能力与之对抗，焦虑、抑郁、孤独的心理便会滋生出来。同时，强大的个人无力感也会造成从业人员在职业生涯中的茫然。特别是在事业单位性质的殡葬机构，各岗位间的薪酬水平差异也较大，从业人员总体收入水平也不高。既要赡养老人，又要抚养子女，拿着不高的薪酬且不知道未来职业晋升空间的从业人员，由此产生了无力感。没有能力改变现状，不知道未来会怎样，工作和生活的重压会将之压得喘不过气来。

（7）职业认同感不强

其实，在所有来自个人的原因中，职业认同感不强是影响部分殡葬从业人员产生消极心理的最重要原因。我们常说"干一行爱一行"，如果不真心喜欢自己的职业，那么便不会产生职业认同感，必然也就造成了职业信心的丧失。不可否认，来自社会群体层面对殡葬职业的歧视，也是造成从业人员职业价值认同感不强的一个方面。地位低、被人歧视，也就使得很多从业人员不愿意与人提及自己是做殡葬工作的。一位从事防腐整容工作的女性从业者在殡仪馆工作，每年春节坐火车回家的时候，她都默默不语，不愿意与人交流，因为她害怕别人问她是从事什么职业的。结果某次回家途中，她遇到了自己的中学同学，同学问她现在在做什么工作，她不好意思说自己是为逝者整容的，便告诉同学自己是化妆师。

（8）职业倦怠感

很多殡葬从业人员初入职场，都会斗志昂扬，充满激情。一段时间过后，他们便会发现每天可能都是在机械地、按部就班地重复着同一件事情。因此，职业倦怠感就产生了。职业倦怠感是会让人提不起任何兴趣的。他们整日都无所事事，大脑空空，对行业的发展漠不关心，甚至害怕殡葬行业的新思想、新理念出现影响到现在按部就班的工作。同时，一些从业人员家属对其职业的不理解，被人冷嘲热讽，也会降低从业人员的积极性，从而进一步增强其职业倦怠感。

（9）人际交往圈子窄

受职业特殊性的影响，殡葬从业人员人际交往的圈子也很窄，多为殡葬圈、亲属圈。对于自己的朋友圈，因为害怕朋友排斥自己的职业，在人际交往时从业人员也表现出异常的小心。人际交往圈子的狭窄还造成了殡葬从业人员在婚恋心理上的冲突。同时，狭窄的人际交往圈使得从业人员能够宣泄情绪的圈子也变得十分狭窄，有时会出现无人可以诉说的境况。消极的情绪和不良的心理得不到有效宣泄，心理问题自然而然就会产生。

2. 家庭压力

家庭是除个人之外的最小结构单位，家庭也是人们在社会生活中最重要的心理支撑。一个拥有良好互动关系的家庭，成员彼此之间和睦融洽，是非常有利于人在职场中发展自我的。反之，不良的家庭结构会为家庭成员带来巨大的伤害，造成沟通不畅和人际关系失衡。家庭压力的来源主要有父母、配偶、子女。一些殡葬从业人员的父母对孩子选择殡葬行业是十分反对的。配偶带给从业人员的压力主要存在于经济上和人际关系上，难免会造成夫妻双方意见不合，产生争吵。子女带给从业人员的压力主要是来自子女本人和子女学习的环境。有的从业人员的子女在知道了什么是殡葬之后，可能会对父母产生不理解的心理，从而产生和父母之间的感情疏离。再有，子女身边的人可能会对殡葬从业人员的工作有所排斥，造成子女在学校人际交往的困难。这些都会为从业人员内心带来极大的压力。

（二）中观层面原因

从中观层面上来说，殡葬从业人员的消极心理可能源自单位、社区、邻里、朋辈。

在社会工作理论中，有一种说法叫作"人在情境中"，即人作为社会动物，不是单独存在的，是生活在社会情境中的，并与社会情境产生互动。人的社会活动和心理也往往会受到周围环境的影响。周围环境如果给予的是正向积极的反馈，则人们在此环境中的心理也会随之正向积极。相反，如果周围环境都是消极负面的，则会给人带来极大的心理压力和压抑感，从而会影响人在社会活动中的行为，严重的则会引起行为上的异常。殡葬从业人员日常生活的环境包括单位、社区。从人际交往上来讲，人会与环境中的同事、邻里、朋辈、家族成员发生联系。

1. 单位

这作为一个可以让殡葬从业人员找到相同群体的地方，对殡葬职业的理解所存在的偏差要远远小于社区。但是在单位中，巨大的职业压力和与同事之间不良的人际交往关系，往往会导致殡葬从业人员在心理上变得有挫败感、茫然、麻木和精神压抑。究其原因，其一，工作环境存在缺陷。从业人员每天接触的都是悲痛的脸庞，听到的是令人心碎的哭声、哀乐；而出于交通、环保等考虑，殡葬场所大多设置在较为偏僻和闭塞的地方，来自工作环境方面的缺陷会带给从业人员压抑感，使其难以拥有良性的情绪体验。其二，工作模式单一。殡仪馆、墓地、火葬场、故人沐浴室这类场所的工作模式往往都是相对单一的，每天都在重复着与前一天一样的工作，流程化、模式化会使得人变得机械。其三，管理模式带来的压力。在一些殡葬企业，单位会为适应殡葬改革的新发展以及殡葬行业的新理念，提倡同事之间的竞争，这无疑是一种压力。其四，同事间人际交往困难。社会工作融合理论指出，人如果能在人际互动中表现良好，则会顺利地融入社会中去；反之，就会出现问题。法国著名作家巴尔扎克曾论述过人际交往的重要意义，即精神生活与肉体生活一样，有呼有吸，灵魂要吸收另一个灵魂的感觉来充实自己，然后以更丰富的感情送给人家，人与人要是没有这点美妙的关系，心灵就没有了生机。一些殡葬从业人员因为性格、人际交往技巧和能力上的缺失，很难融入单位这个群体中。又可能因为与同事之间存在着竞争关系，更强化了彼此之间的负向关系，从而产生了被别人孤立的孤独感，觉得单位的环境让人抑郁。

2. 社区

在社区这个大环境中，还包含着朋辈、邻里的关系指向。因为大量社会群体生活在社区中，社会群体可能会对殡葬从业人员存有态度上的歧视，在社区范围内对殡葬从业人员的家庭造成隔离。此外，社区也承担着整合社会资源、提供资源连接的作用。来自社区环境内的对殡葬从业人员职业的不理解，也会间接造成从业人员所能获得的社会支持网络的缺失和资源使用的不足，甚至有的会影响到从业人员的孩子、父母对资源的使用。再有，虽然社区承载了对于一定行业的宣传作用，但在力度上并不一定能够达到要求。

3. 朋辈

其实，对于殡葬从业人员来说，朋辈群体的态度对他们心理、情绪的影响仅次于家庭。平日里，大多普通人对工作中的职场压力和单位中的人际压力都不愿意与家人说，他们害怕家人心理承受能力不足，反而会因为这些琐碎的事情而影响身体健康。因此，他们会选择与朋友诉说。在心理学中，朋辈群体是在人的青少年阶段对其产生深刻影响的群体，然而一些殡葬从业人员因为过去人际交往中失败的经历而始终刻意控制着自己与朋辈群体的交往。这其实对殡葬从业人员的自尊心、自信心是有着很大打击的。殡葬从业人员尊重服务对象，却常常得不到对方的尊重，内心会无比低落、无助。

（三）宏观层面原因

从宏观层面上来说，殡葬从业人员的消极心理的产生包括以下三个方面。

1. 社会偏见与传统思想

社会偏见是社会群体对一个人或一个团体所抱有的不公平、不合理的消极、否定态度,这种态度源自他们在情感、认知、意向上的偏差。因殡葬行业的特殊性和服务对象的特殊性,社会群体常常会带着偏见来看待殡葬从业人员。这一种错误的态度导致他们对殡葬从业人员具有态度上的否定。

2. 法律与政策保护缺失

当前,在法律或政策上很难找到相应的支撑来保护殡葬从业人员的利益,殡葬从业人员缺少相关法律的保护。

3. 缺少专门的职业压力宣泄渠道

前文提到,殡葬从业人员会受到来自社会的偏见,这种偏见所产生的压力没有专门、有效的社会资源来予以解决。专门的职业压力宣泄渠道不畅通,使部分出现心理问题的从业人员难以及时解决问题。消极情绪日积月累便成为难以解决的心理困境,甚至有的人产生了心理障碍,严重影响到殡葬从业人员的职业发展、人际交往和生活幸福感。

第三节 殡葬从业人员心理困境的应对

殡葬从业人员的心理困境应该及时找到方法予以解决。心理困境如若不予以解决,积累起来就会对殡葬从业人员身心、家庭产生巨大的打击。

一、殡葬从业人员心理困境的不良影响

源自微观、中观和宏观层面的原因共同构成了殡葬从业人员的心理困境,而这些困境也成为他们工作、生活的巨大阻碍,对他们产生了较为明显的不良影响。

1. 诱发各种负面情绪的产生

负面情绪有很多种,殡葬从业人员可能会因为各种负面情绪的积累导致最终出现抑郁倾向。曾有殡葬从业人员因为工作中丧户对其的负面评价产生了自卑情绪,加之性格内向不愿与人诉说,最终罹患抑郁症。

2. 影响身体健康

喜怒哀乐，无论是哪一种，只要过度就会影响到人们整体的身体健康。殡葬从业人员因为工作会存在各种情绪问题，消极情绪长久存在下去就会逐渐威胁到他们的身体健康。一些殡葬单位每年都会组织单位职工体检，在工作中接触高危风险方面的有关检测可能没有问题，但是因为情绪所导致的心脑血管疾病却有逐年上升的趋势。

3. 影响人际交往

情感能够黏合人与人之间的交往，但当情感逐渐疏离、消失，人与人之间感情的黏性就会变差，冷漠、隔阂在殡葬从业人员与他人间筑起了一道高墙。因此，殡葬从业人员所产生的消极心理逐渐将自己与他人之间的距离越拉越远。

4. 影响家庭和谐

消极心理或使人的脾气变得暴躁易怒，或情绪消沉，或茫然绝望。无论是哪一种状态，都会严重影响到从业人员的婚姻家庭生活和亲子关系，让家庭每天都笼罩在低气压中，家庭成员彼此小心翼翼，家庭的和谐难以维系，家庭成员的沟通难以进行。

5. 进一步加深公众偏见

有些殡葬从业人员在与社会公众交往过程中，因公众所产生的偏见而形成了负面的情绪和体验。由于缺乏有效的宣泄途径而无从发泄，进而使从业人员与公众之间的矛盾继续加深，也就再次强化了公众原有的偏见。

6. 影响殡葬改革进程和创新

压力意味着动力，有时职场管理层给予从业人员的竞争、压力是一种促进行业发展的动力，但由于殡葬从业人员自身压力过大，情绪崩溃，难以感悟到其中的内涵，延缓了改革发展的进程，削弱了行业的创新能力。

二、殡葬从业人员心理困境的应对方法

面对殡葬从业人员所出现的心理困境，应当及时采用合理的方法进行应对和干预，使更多的殡葬从业人员具有良好的职业心理，使更多的人才留在殡葬行业中，从而推动现代殡葬改革向着更加利于社会发展的方向前进。

1. 认识消极情绪的危害

面对心理困境，首要的是让殡葬从业人员及其家人认识到自身都存在哪些消极情绪，以及这些消极情绪会对其产生哪些危害，如身体上的、精神上的、家庭上的。只有让其在个人意识上主动认识到问题所在，才会更加激发其改变想法。由此，殡葬从业人员主动参与到自己改变的过程中，其对心理困境的应对才会更加行之有效。

2. 进行积极的心理暗示

有些殡葬从业人员在与人交往时非常敏感，一般不主动握手。对此，我们可以让其采取积极的心理暗示，换一种与人沟通的方式，如点头、语言上的问候等来增强与他人的沟通。殡葬从业人员消极的心理暗示会导致他们悲观失望，而积极的心理暗示则是从潜意识上对他们进行改变，不断以好的、正能量的语言、事情构建自己的想法。时间长了，潜意识也会接收到这些积极的、正能量的信息，自己就会感觉到身边的人和事都变得非常美好，幸福感和获得感也就会增强。曾有一位在刚开始工作时恐惧逝者遗体的工作人员，每天都给自己一个积极的心理暗示：一定要让丧亲者看到逝者最安详平和的样子。在这种积极心理暗示的作用下，她很快地克服了内心的恐惧感，成为一名出色的遗体整容师。

3. 采用情境转移法

这是一种通过其他事情将注意力转移到其他地方的方法。在殡葬从业人员出现消极心理时，可以让他将注意力转移到他的兴趣爱好上，及时将消极心理和情绪转化。如果殡葬从业人员书法写得很好，那么就可以让他在出现消极心理时坐下来写写书法，从书法中获取平静。

4. 打破固有思维惯式

一些殡葬从业人员认为别人嫌弃他们，嫌弃他们的工作。此时，应让从业人员打破固有的思维惯式，换一种角度去想问题，加强相互理解，可以有效地帮助从业人员摆脱内心的挫折感和自卑感。

5. 运用理性情绪治疗

运用美国心理学家阿尔伯特·埃利斯的理性情绪疗法可以帮助殡葬从业人员改变非理性情绪，建立理性情绪。该疗法首先是要识别殡葬从业人员的非理性情绪，可以采用角色扮演等方法，如让总是满腹牢骚的从业人员把发牢骚的话说出来；之后做好理性功课，让理性情绪和非理性情绪进行辩论，理性情绪驳斥非理性情绪成功，积极的情绪和信念便得以建立。

6. 开展放松训练

放松训练是让殡葬从业人员通过训练，实现身体和精神由紧张到松弛的变化。通常情况下，人在紧张时呼吸是十分急促的，肌肉是十分僵硬的，大脑也是十分紧绷的。因此，可以通过呼吸放松、肌肉放松、想象放松三个方面的放松来训练。在现在的健身运动中，瑜伽的冥想放松训练同样是一种能够有效帮助人缓解紧张情绪的方法。

7. 倾听心理诉求

这一方法主要是让殡葬从业人员与家属、朋友、同事、领导多沟通，彼此倾听心理诉求，促进相互理解。有时候，一些性格内向、不善言语的从业人员内心有许多诉求却不知如何表达。给予彼此互相倾听的机会和平台，畅所欲言，能够进一步加深对彼此的了解，达成共识，为圆满解决问题打下基础。人是需要沟通和倾听的，而这也是人际交往中重要的两个技巧。

8. 进行宣泄治疗

人在情绪不好的时候，非常需要一个渠道将不好的心理和情绪宣泄掉。消极心理较重的殡葬从业人员可以采用写日记、听音乐、唱歌、大喊、运动等来宣泄自己的情绪。

9. 常怀挑战新事物之心

部分殡葬从业人员之所以会产生职业倦怠感，是因为终日千篇一律的工作消磨了他们的进取心，是因为自身期望值与实际的较大落差，是因为这样可以逃避无法解决的难题。人一旦懈怠下来，产生倦怠感，则会安于现状。但殡葬行业是处于改革发展的大环境之下的，新的殡葬形式会随着丧户的需求不断增加，如若一直带着职业倦怠感工作，将会大大降低殡葬行业的口碑，造成更多负面的评价。想要消除职业倦怠感，从业人员应该调整对工作的认知，使自己对职业的期待合理化，并常怀挑战新事物的心态，积极面对难题、解决问题，从而寻求突破职业瓶颈的办法。

10. 提供人性化服务

殡葬从业人员在工作生活中得到的负面评价使其自尊心和自信心受到了严重

损害。为重塑其自尊心和自信心，在为其提供心理辅导时，应该充分考虑到从业人员的具体情况，采取人性化的服务，以温情感动他们，让他们能够积极参与到辅导中，共同面对问题、解决问题。

11. 提升从业人员素质

一部分殡葬从业人员难以理解殡葬改革的必要性和意义，对新生殡葬理念、产品也很陌生。因此，单位在开展培训时，要首先让其了解学习的意义，了解改革与时代发展的必要性，具备与时俱进的思想，从而全面提升个人素质。

12. 做好团队拓展

殡葬行业的团队合作精神极其重要，一个好的团队往往能够带来理念上的创新和变革。因此，殡葬企业、单位应当多组织从业人员进行团队拓展训练，挑战心理舒适圈，从而激发出他们的斗志。

13. 设立激励机制

一些地区的殡葬企业、单位缺乏一定的激励机制，从业人员无论完成多少任务都获得一样的报酬，这导致部分从业人员缺乏职业获得感，进取心较弱。因此，可以实行合作奖励，对工作效率高的团队给予一定的奖励，从而激发他们的进取心，使他们不断为集体荣誉而努力拼搏。

14. 实现资源连接

对享受资源相对较少的殡葬从业人员，社区、社会组织应多整合本地区资源，实现地区资源连接、资源流通和资源共享。让每一个殡葬从业人员都能够通过资源连接，感受到社会给予的温暖，产生幸福感。尤其是殡葬从业人员面对的较难解决的婚姻问题，社区可以通过区域内企业共建，开展男女青年相亲活动，解决从业人员的婚恋问题。

15. 提供平等与人接触的机会

殡葬企业、单位以及社会组织多面向社会开展开放日活动，让更多的社会大众能够近距离了解殡葬、认识殡葬，增加殡葬从业人员与普通人平等接触的机会。如今，全国多地会在3月、4月举行殡仪馆"公众开放日"，让普通人感受殡葬从业人员的工作，让殡葬在人们的眼中不再神秘，从而引导人们逐渐转变意识，消除偏见。

16. 建立消除职业偏见的规范

积极推动殡葬从业人员建言献策，建立相关消除职业偏见的规范，从政策层面为从业人员积极构建良好的社会环境。

17. 切实改善工作环境和福利待遇

要切实改善殡葬从业人员的工作环境和福利待遇，把殡仪馆建成像宾馆一样的环境，把公墓建成像公园一样的环境。同时切实提高殡葬从业人员的收入，完善福利待遇。良好的工作环境和福利待遇，对增强从业人员的自信心和自豪感将起到事半功倍的作用，有利于促进殡葬从业人员健康职业心理的形成。

殡葬从业人员社会地位的改变将是一个长期的过程。面对殡葬从业人员的非理性情绪，无论是个人、家庭、社区、单位，还是其他群体，只要在力所能及的范围内提供一点帮助，都会对殡葬从业人员的发展和改变产生深远的影响。

小 结

殡葬从业人员因不同的背景、经历呈现出不同的殡葬心理。应对殡葬从业人员心理问题的方法有以下三个方面：

一是在微观层面，建立积极的心理暗示，采用合理的方法消除殡葬从业者的消极情绪；

二是在中观层面，依靠团队的力量，引导殡葬从业者走出心理困境；

三是在宏观层面，从社区、社会、政策法规多个层次上消除职业偏见，为殡葬从业者营造良好的职业环境。

知识拓展

生前契约

这是一种起源于英国的遗嘱信托，主要是指逝者在生前就为自己安排好身后事，并签订契约。其内容涵盖了临终关怀、殡葬服务、祭奠服务和死亡教育。2011年，上海市率先在全国试点开展"生前关爱计划"。由于我国已进入快速发展的老龄化社会，一些"空巢老人""独居高龄老人""失独老人"考虑到家人不在身边或已经没有家人可以依靠，开始选择专业的殡葬公司来为自己安排身后事。在签订生前契约的过程中，签订人可以最大限度地参与到自己的身后事安排中，选择自己喜欢的仪式、场地、花艺布置、照片等，真正实现办一场令自己觉得圆满的葬礼。

思考练习

1. 结合本章内容,请谈谈应对殡葬从业人员心理困境的方法有哪些。你觉得还有哪些方法可以帮助其应对心理困境?

2. 当殡葬从业人员产生职业倦怠感时,应如何应对?

3. 请谈一谈应如何为殡葬从业人员建立职业宣泄渠道。

4. 查找资料并结合所学知识,谈一谈殡葬从业人员的消极心理会对家庭和谐带来哪些影响。一旦出现家庭问题,应该如何应对?

第六章 殡葬消费心理

本章课件

> 学习目标
>
> 了解在殡葬消费中影响消费者决策的因素；掌握消费者心理类型，提高服务的效力与质量，从而提高行业服务水平。

第一节 殡葬消费心理概述

消费行为主要指消费者在购买、使用及消耗各种消费品过程中的活动表现。殡葬消费主要指人们在殡葬活动中所产生的对殡葬服务及殡葬用品的一系列消费。殡葬消费不同于其他消费活动。购买者与消费者可以说是完全分离的。殡葬消费主要是为逝去的人而消费，但真正的消费者还是生者。

一、殡葬消费的特殊性

殡葬活动必定要消耗物质财富。供消费的物品，不仅有人们日常生活中需要的物品，还有日常生活并不使用的物品。这使殡葬消费不同于平时，主要表现在下列三个方面。

第一，对日常生活用品的消费。供给逝者的消费品，如鲜花、食品及其他种种，逝者实际上并不是消费主体。因为消费是生命体为了生活和生产的需要而消耗物质财富。生命一旦结束，生命体转化为非生命体，无生命活动的逝者，既不具备消费意识，也不发生消费行为。在逝者离开人间之后的消费，是家人亲朋出于"事死如事生"设想中的逝者的消费。

第二，生者进行殡葬祭祀时的消费。在殡葬祭祀时日，参与者，尤其是家属以殡葬祭祀为主要活动，思念在此，情感在此，意志在此，言语在此，接待在此，送行在此，举止在此。殡葬祭祀因逝者而存在，因此生者的消费也就成为逝者的消费。

第三，殡葬消费中的许多消费被认为是人生大事的一次性消费，绝大多数家庭在消费中都尽其所能。一方面，殡葬消费虽是以日常用品为主要消费对象，却不是一种日常性的消费。就假托的消费主体逝者而言，在他的一生中仅有一次；就真实消费主体家属而言，一生中也只有几次。因此，逝者的遗愿或者未满足的愿望，家属往往想方设法满足。另一方面，由于受习俗的影响，在殡葬消费的过程中家属很少有还价行为，这也是殡葬消费与其他消费的不同之处。

同时，殡葬消费具有非常显著的精神消费的特征，常常不以消费是否物有所值来进行衡量，而是以对父母的孝顺心理、补偿心理等是否得到满足作为消费取舍的标准。感性消费、情感消费往往大于理性消费。

二、殡葬消费心理的概念

消费心理是指消费者在购买、使用、消耗各种消费品过程中的一系列心理活动。从人类经济活动的发展进程中可知，人类的交换行为随着社会生产力发展水平的不断提高而日趋复杂化。而今，在较高发展水平的商品经济社会中，消费者的消费行为主要是通过从社会总产品中分配到的那部分由个人支配的货币收入，在市场上购买商品或劳务并消耗其使用价值后得以实现的。因此，消费者的心理活动是消费者在购买、使用及消耗商品或劳务过程中反映出的心理态势，而在社会范围内，消费者千万次的购买、使用和消耗行为的总和，就构成了消费者心理活动的社会总体消费行为。在一定时期内，社会总体消费行为又影响并制约着消费者个体的心理变化趋向及发展趋势。

殡葬消费心理是指殡葬消费者在进行殡葬消费活动时发生的一切心理活动，以及由此产生的消费行为，包括消费态度以及消费者观察、决策购买、使用商品所形成的心理感受和心理体验等。研究殡葬消费心理，对殡葬从业人员充分利用市场营销手段影响消费者行为，从而引导消费者在殡葬活动中理性消费有着现实意义。消费心理与社会心理学、社会学和经济学都有着密切联系。

第二节 消费态度的形成因素

消费态度是消费者确定购买决策、执行购买行为的感情倾向的具体体现,直接影响消费者的购买行动。态度的形成是人对某事物从不曾具有某种态度到出现某种态度的过程。消费态度的形成因素是多方面的,既有主观因素的作用,又有社会环境的影响。

一、消费者的需要

消费者需要的满足是消费态度形成的首要因素。需要是人类一切行为的基础,同样也是消费行为的基础。因此,凡是能够满足消费者需要的商品就能引起消费者肯定的、积极的内心体验,形成对商品的肯定态度。反之,则会引起否定的、消极的态度。例如,喝酒的消费者看到"茅台"酒会产生满意的态度,而不喝酒的消费者看到它则持无所谓的态度。两者的区别在于,前者对酒有需要,而后者无这种需要。

消费者的需要又是复杂多样的,他们对许多商品,如空调、电脑等,往往有多重需要,可能既有求实的心理需要,又有显贵审美的心理需要。那些在满足了消费者最基本(实用价值)需要基础上尽可能满足更多需要的商品,才最受消费者的欢迎。

二、消费者的知识、经验

消费者的知识、经验决定了消费者对特定购买对象的了解程度,是消费态度形成的重要因素。消费者通过阅读商品的评论文章、商品广告和新闻报纸等获得了有关知识,逐渐形成了对该商品的态度。但消费态度不只由知识决定,还与消费者对该商品的固有倾向紧密联系。

如果消费者获得的有关知识与其固有倾向一致,就会对该商品产生满意或肯定态度;如果这些有关知识与其固有倾向不一致,就需要将这些知识与其固有倾向加以协调,或改变原有倾向,形成对该商品的新认识,从而产生满意或肯定态度。如果不能协调,消费者就会产生不满意或否定态度。

消费者从消费实践中得到的经验也影响其态度的形成。消费者对商品或服务的经验可能形成满意的态度，也可能形成不满意的态度。例如，某商店营业员对顾客态度不好，周围居民宁可舍近求远到其他商店购买所需物品，也不愿到该商店购买，这就是因为周围居民根据经验形成了对这个商店不满意的态度。

三、社会文化与区域文化

社会文化也是影响消费者态度形成的重要因素之一。喜欢什么食品，爱穿什么衣服，对什么娱乐活动感兴趣，都与消费者所属的文化传统有关。"南甜北咸，东辣西酸"这句谚语就反映了地理位置不同造成的人们口味的差异。此外，文化因素中还涉及亚文化对消费者态度、行为的影响，它们同样会对消费者的价值观、行为产生重要作用。

四、消费者的群体组织

消费者所在的社会群体和组织对消费态度的形成具有某种制约作用，消费者的许多态度都直接或间接地受群体组织的影响。影响消费者态度的群体有家庭、学校、工作单位以及社会上的各种组织等。通常情况下，个体及其所属群体中多数成员有共同的认识，属于同一群体的成员，常具有类似的态度。这是在群体成员之间的相互作用、相互模仿、相互暗示、相互顺从下逐渐形成的。

五、消费者的个性差异

个性差异也是消费者态度形成的重要因素之一。每个人的独特个性也反映在个体消费态度的形成上。例如，同样是遇到态度不好的服务员，独立能力强的顾客会持无所谓的态度，而依赖性强的顾客却会强烈地感觉到此服务员态度不好。

第三节　消费者心理活动的认识过程

一、消费者认识的形成过程

（一）消费者的感觉

1. 感觉的概念

感觉通常是指人脑对直接作用于感觉器官的客观外界对象和现象的个别属性的反映，是认识的开端。在消费活动中，当消费者与产品发生接触时，总会借助视觉、听觉、嗅觉、触觉等感觉器官来感受产品。感觉是人们对客观事物认识的一种简单形式，这种认识是个别的、孤立的、表面的，是一种简单的心理现象，也是一切复杂心理活动的基础。因此，仅仅通过感觉很难对产品作出全面的判断。但是只有以感觉为基础，消费者才能获得对产品各种属性的全面、深入的认识。

逝者家属第一次进入守灵大厅，现场的布置会从视觉、嗅觉、触觉等几个方面带给家属感觉，庄严肃穆的布置会带给家属以崇敬之情，温暖清新的布置则会在一定程度上起到抚慰家属哀伤的作用，这也将会对消费者的决策产生很大的影响。

2. 感受性与感觉阈限

心理学上用感觉阈限来度量感觉能力，阈限就是界限或范围。感受性有绝对感受性和差别感受性之分，这就需要用绝对感觉阈限和差别感觉阈限来衡量。

（1）绝对感受性与绝对感觉阈限

人刚刚能察觉出最小刺激量的感觉能力叫绝对感受性。绝对感受性的强弱，是用绝对感觉阈限来衡量的。把一粒粒非常轻微的灰尘慢慢放在被试者的手掌上，被试者不会有感觉。但是如果一次次慢慢地增加重量，当它达到一定数量时，就会引起被试者的感觉。这个刚能引起感觉的最小刺激叫绝对感觉阈限。当引起感觉的刺激量不断地增加，达到一定限度时，感觉受到破坏，引起痛觉。凡是没有达到绝对感觉阈限的刺激物，都不能引起感觉。例如，电视广告持续时间如果少于 3 秒钟就不会引起消费者的视觉感受。因此，要使消费者形成对商品的感觉，就必须了解消费者的绝对感受性和绝对感觉阈限。

绝对感觉阈限和绝对感受性之间的关系成反比例，即绝对感觉阈限的值越小，说明绝对感受性越高；反之，绝对感受性越低。

（2）差别感受性与差别感觉阈限

差别感受性就是能察觉出同类刺激最小差别量的感觉能力。这是从能否觉察出刺激量的变化或差别方面来考察感觉能力的。刺激量的变化（增或减）要达到一定的量才能被察觉出来。比如，原刺激量是 100 克，加上 1 克，觉察不到 100 克与 101 克之间有什么差别，只有增加到 103 克时，才能感觉到 100 克与 103 克之间有差别。这种刚刚能被感觉出两个同类刺激的最小差别量，叫差别感觉阈限，它是衡量差别感受性的指标。

差别感觉阈限与差别感受性之间也成反比关系，即人的差别感觉阈限越大，差别感受性越低；反之，则差别感受性越高。这一规律清楚地揭示了一个带有普遍性的消费心理现象，即各种商品因效用、价格等特性不同，因而有不同的差别感觉阈限，消费者对其有不同的差别感受性。例如，需求弹性大的商品，如黄金价格上调 10 元，消费者可能毫无察觉，但是，需求弹性小的商品如果价格上调几角钱，消费者就十分敏感。

3. 感觉适应

由于刺激物对感受器的持续作用，从而使感受性提高或降低的变化现象叫感觉适应。感觉适应在不同感觉中，其表现和速度各不相同。视觉适应有暗适应和光适应两种。如从亮处进入暗处，最初漆黑一片，什么也看不到，过一会儿就能看到一些东西，这是暗适应，是提高了视觉感受性。反之，若在暗处里待久了，突然到强光照射的地方，最初很耀眼，看不清外界的东西，稍后才能逐步看清东西，这是光适应，是降低了视觉感受性。在营销活动中应该充分利用或避开消费者的感觉适用规律，更好地开展工作。

4. 感觉对比

同一感受器接受不同刺激而使感受性发生变化的现象叫感觉对比，分为同时对比和先后对比两类。几个刺激物同时作用于同一感受器时产生同时对比。例如，灰色方块放在白色背景上显得暗些，放在黑色背景上则显得亮些。刺激物先后作用于同一感受器时产生先后对比。例如，吃糖后再吃苹果，觉得苹果很酸；吃了苦药之后，喝杯白开水也觉得甘甜。

研究对比现象有着重要意义。在广告设计和商品陈列中要充分考虑感觉对比规律，比如在告别大厅的布置上，要充分考虑感觉对比规律，创造个性化的告别氛围。

5. 联觉

联觉是指一种感觉引起另一种感觉的心理现象。彩色感觉最容易引起联觉。红、橙、黄等类似于太阳、火光的颜色，会给人以温暖的感觉，因而被称为暖色；蓝、青、绿等类似于蓝天、海水、树林的颜色，往往引起人寒冷、凉快的感觉，被称为冷色。

不同的色调也会引起不同的心理效应。红色使人兴奋，蓝色使人镇静，绿色使人和缓，玫瑰色使人振奋，等等。在建筑设计、环境布置上要考虑色觉的联觉作用。

6. 感觉理论在殡葬活动中的应用

（1）运用首因效应

首因效应也叫首次效应、优先效应或第一印象效应，指交往双方形成的第一印象对今后交往关系的影响，也即"先入为主"带来的效果。殡葬从业人员与家属的首次接触给家属带来的感觉，殡葬机构的布置、环境、色彩、气味等给家属及亲朋好友的感觉，都对家属的消费行为产生影响。

（2）运用感觉阈限

在殡葬活动中，充分运用感觉阈限的作用，能带给消费者良好的消费体验，从而给企业带来良好的口碑与效益。如殡葬场所中的刺激物的强度必须在绝对感觉阈限之内，各类装潢布置以及个性化服务都要利用差别感觉阈限引起消费者的感知。殡葬用品的陈列、墓碑字体的设计、各类殡葬服务价格的制订与更改，都要遵循感觉阈限的规律。

（二）消费者的知觉

1. 知觉的概念

知觉是消费者对直接作用于感觉器官的客观事物的各种属性的整体反映，它是在感觉的基础上，把感觉的材料加以综合整理，从而形成了对事物的完整映象、观念。知觉与感觉的重要区别是，知觉不仅受感觉系统生理因素的影响，而且极大地依赖于一个人过去的知识和经验，受人的各种心理特点的制约。知觉对象可以理解为在周围刺激物中那些受到集中注意的刺激物,知觉背景则可理解为处于注意边缘的其他刺激物。

2. 知觉特征

(1) 选择性

即在同一时间里,消费者不能反映作用于感觉器官的所有事物,只是对其中某些事物有清晰的反映。究竟什么样的刺激物容易从背景中分离出来,成为知觉选择的对象呢?这与客观事物本身的特点有关,也和主观因素有关。强度大的、对比鲜明的刺激物容易成为知觉对象;在空间上接近、连续,形状上相似的一组刺激物易成为知觉对象;在相对静止背景上运动着的物体,容易成为知觉对象。

(2) 理解性

知觉是在过去的知识和经验的基础上产生的,所以对事物的理解是知觉的必要条件。但是,消费者不可能对每一种商品都熟悉和了解,尤其对殡葬产品,消费者的知觉信息是有限的,这就需要从业人员有意识地宣传和解释,引导消费者正确认识该商品。

(3) 相对性

知觉是根据感觉所获得的资料而做的心理反应,此种反应代表了个体以已有经验为基础,对环境事物的主观解释。因此知觉也称为知觉经验,但经验不是绝对的,而是相对的。某一刺激物与周围其他刺激物的关系会影响人们对该物体所获得的知觉。这就会产生形象与背景的相对性问题以及知觉对比问题。

(4) 恒常性

也称心理惯性,是指当知觉的条件在一定范围内改变的时候,知觉的映象仍然保持不变的特点。

(5) 整体性

知觉由许多部分组成,各部分具有不同的特性,但人们并不把对象感知为许多个别的孤立部分,而总是把它作为一个统一的整体,这就是知觉的整体性或综合性。

3. 知觉在殡葬活动中的作用

第一,知觉的选择性有助于消费者确定购买目标,可使顾客在众多的信息和商品中快速找到符合自己既定购买目标的信息和商品,同时排除那些与既定购买目标不相符的信息和商品。第二,利用知觉的理解性与整体性提高广告宣传效果。第三，利用知觉的恒常性促进商品销售。殡葬企业可以通过对自身形象的打造，利用消费者知觉的恒常性，使老客户带动新客户，扩大自身服务范围。

二、消费者认识的发展阶段

(一) 消费者的记忆

1. 记忆的概念

记忆就是过去生活实践中所经历或认识的事情在人们头脑中遗留的印迹。它包括识记、保持、回忆、再认四个部分。

2. 消费者记忆的类型

根据记忆的方式可以分为：有形记忆、逻辑记忆、情绪记忆、运动记忆。

根据记忆保持时间的长短可以分为：感觉记忆、短时记忆、长时记忆。

(二) 消费者的联想

1. 联想的概念

联想是在记忆的基础上，把被识记的对象和其他对象联系起来的过程。

2. 联想的类型

按反映的事物间的联系不同，可分为接近联想、相似联想、对比联想、关系联想四类。

(1) 接近联想

在时空上比较接近的两种事物，在记忆中最容易形成联系。例如，人们在购物时常常会产生一种原产地联想，即一定要买正宗的产品，把某种特色和一定地域联系起来，比如买瓷器要买景德镇的。

(2) 相似联想

这是对某一事物的感知或回忆而引起对与之性质相似或相近事物的回忆。例如，人们看到高尔夫球场，就会想到富有、身份和地位。

(3) 对比联想

这是对某一事物的感知或回忆引起的具有相反特点事物的回忆。例如，烈日当空时人们会产生拥有一把遮阳伞的对比联想。

(4) 关系联想

这是由事物之间的各种联系而形成的联想。例如，人们购房，进而想到装修、购买家具等。

(三) 消费者的思维

1. 思维的概念

思维是人借助于语言对客观事物所作的间接的、概括的反映，它反映事物的本质特征和内在联系。思维是人们在遇到问题并试图解决问题时的一种独立的心理活动，它以感觉、知觉、印象提供的材料为基础，通过分析、比较、综合、抽象、概括等过程而完成。

2. 思维的特征

(1) 间接性

间接性是指思维借助已有的知识经验等其他媒介，来理解和感知那些没有直接感知过的或者根本无法直接感知到的事物，预见和推测事物的发展。

(2) 概括性

概括性是指思维通过同一类事物共同的、本质的特征或规律性的联系来认识事物。例如，通过观察街上行人的着装和商场里服装的样式，可以概括出当前流行的服装款式。

3. 消费者的一般思维过程

消费者对消费对象的认识是从其形状、样式、色彩、味道、声音等感觉器官能感觉到的外在属性开始的，而他们对消费对象的质量、价格、性能等内在属性的了解则是思维活动的基本内容。消费者思维活动的过程主要有以下几个步骤。

(1) 分析过程

消费者在掌握了消费对象一定量信息的基础上，会对消费对象进行一定过程的分析。例如，购买骨灰盒时，可供选择的类型较多，但消费者要通过分析购买什么材质或者类型的骨灰盒来确定消费内容。

(2) 比较过程

消费者通过初步分析，确定购买目标范围后，会在两种商品之间进行选择。例如，是购买价格较便宜的骨灰盒，还是购买款式新颖的骨灰盒，这就需要消费者对比它们之间的异同点，为最终作出决定夯实基础。

(3) 评价过程

思维过程是认识的高级阶段，也是消费的决策过程，对最终的消费行为具有最重要的影响。消费者的评价过程受思维的广阔性、深刻性、逻辑性、独立性、灵活性、敏捷性等因素影响，这也最终决定了其所购买的丧葬物品的最终方向。

第四节　消费者心理活动的情绪过程

一、消费者的情绪过程

（一）情绪与情感

1. 情绪

情绪是指人对客观事物的态度体验，具有独特的主观体验形式（如喜、怒、哀、乐等感受）、外部表现形式（如面部表情）和极为复杂的神经生理过程。

2. 情感

情感是指情绪过程的主观体验，对正在进行的认识过程起评价和监督作用，着重于表明情绪过程的感受。

（二）情感与情绪的区别和联系

情感侧重于认知方面的体验和感受，更带有认知性、评价性，理智的成分多些，主要受长期、稳定的因素影响。情绪则侧重于欲求方面，更带有欲求性、满足性，自发、本能、无意识的成分多些，主要受短期、现场因素的影响。情感和情绪又会相互转化。情绪是对情感的袒露和表现，深切的情感有明显的情绪表现。一些情感又是由情绪转化而来的，如殡仪服务人员合适的语气、语调会给家属带来良好的情感体验；殡仪服务场所合理的布置与色彩等，会安抚家属的情绪，从而影响家属的情感。

二、影响消费者情感变化的因素

在购买活动中，消费者情感的形成与变化都会直接或间接地影响其购买行为，因此，有必要研究影响消费者情感变化的因素。这些因素包括以下几个方面。

1. 商品

商品的价格、包装、商标名称、款式等因素对消费者情感的形成与变化有直接作用，进而影响消费者的购买决策和购买行为。因此，在殡葬企业的经营活动中，企业应当尽量为消费者提供能充分满足其需要的商品，促使消费者积极情绪和情感的形成。

2. 环境

客观环境的变化会为消费者情感的产生和发展带来影响，影响消费者情绪和情感的具体环境主要指殡葬活动中殡葬服务机构的环境。如果环境让消费者感到舒适，则会产生积极的情绪；反之，则会产生消极的情绪。因此，殡葬服务机构应注意环境的装饰、布置，同时也要注意从业人员素质的培养，以营造一种舒适和谐的气氛。

3. 服务

在殡葬活动中，服务质量对消费者情感的影响是十分明显的。一般表现在以下几个方面：从业人员的表情、从业人员的工作态度和服务水准、消费者的个人情感和心理预期等。由于殡葬服务的特殊性，从业人员的服务只有达到了更高层次的要求，才能让消费者在悲伤之余感受到服务质量。

第五节　消费者心理活动的意志过程

消费者在经历了认识过程和情绪过程之后，是否采取购买行为还有待消费者心理活动中的意志过程的实现。消费者在购买活动中不但要借助感觉、知觉、注意、记忆、联想、思维等来认识消费对象，伴随认识过程产生一定的态度和内心体验，还要依靠意志过程来确定购买目的，排除各种因素的影响，最终采取行动。

一、意志的概念与特征

（一）意志的概念

意志是指人们自觉地确定决策，并为实现预定决策有意识地支配和调节自己行为的心理活动的过程。在消费活动中，消费者在经历了认识过程和情绪过程之后，还要经历意志过程。只有有目的地、自觉地支配和调节行动，努力排除各种干扰因素的影响，消费者才能实现自己的购买目标。

(二) 消费者意志过程的基本特征

1. 目的性

目的性是指消费者意志具有明确的预定目的，行动具有自觉性。消费者在购买之前，就有预想的行动结果作为行动的目的存在头脑之中，有意识、有目的、有计划地予以实施。

2. 调节行为性

调节行为性是指消费者的意志对其购买行为有发动和制止的双重作用。所谓对购买行为的发动，是指意志可以推动和激励消费者对未达到的目的采取计划和行为。所谓对购买行为的制止，是指意志可以阻止和抑制利于消费者实现购买目标的行动，此外，还可指消费者在意志力量的作用下，主动放弃不切实际的需求。意志对行为的发动与制止说明了意志具有高度支配和调解功能，人们能够以理智战胜情感，使认识产生新的飞跃。

3. 克服困难性

克服困难性是指消费者在确定目标后的实施过程中，可能会不断遇到一些困难，但在意志力量的作用下可以克服这些困难，最终实现这些预定目的。一般来讲，消费者意志的强弱主要以所克服困难的大小作为衡量标准，消费者克服的困难越大，则说明意志越坚强，意志力量越大；反之，则越弱、越小。

二、消费者心理活动意志过程的三个阶段

在购买活动中，消费者的意志表现为一个复杂的作用过程，其中包括作出购买决定、执行购买决定和体验执行效果三个相互联系的阶段。

1. 作出购买决定阶段

这是消费者购买活动的初始阶段。这一阶段包括目的确定、购买的取舍、购买方式的选择和购买计划的制订。实际上，这一阶段是购买前的准备阶段。消费者从自身需要出发，根据自己的支付能力和产品供应情况，分清主次和轻重缓

急，作出各种决定，如是否购买和购买的顺序等。在这一阶段，消费者主要是努力克服个人心理上的冲突，战胜内部困难，及时作出决定。

2. 执行购买决定阶段

在这一阶段，购买决定转化为实际的购买行为，消费者通过一定的方式和渠道购买自己所需的产品。当然，这一转化过程在现实生活中往往会遇到一些障碍，所以它要求消费者排除外部障碍，为实现购买目的付出一定的努力。在实施购买行动时，消费者消极情绪的克服有赖于意志行动的心理过程，所以执行购买决定是消费者意志活动的中心环节。

3. 体验执行效果阶段

完成购买行为后，消费者的意志过程并没有结束。通过对产品的使用，消费者还要体验执行购买决定的效果。如产品的性能是否良好、使用是否方便、外观与使用环境是否协调、实际效果与预期是否接近等。在上述体验的基础上，消费者将评价购买这一产品的行为是否明智。他们对购买决策的这种检验和反省，对今后的购买行为具有重要意义。它决定了消费者今后是重复购买还是不再购买，是增加还是减少对该产品的购买。

三、影响消费者购买决策过程的内部因素

1. 需要和动机是决策的第一因素

从心理学的角度看，人受到内外部因素刺激，会在精神上产生紧张感，无论有无意识，都会采取行动来消除这种紧张感。这种紧张感事实上就是人们对某种需要是否能够满足的担忧。而消除紧张感，欲望便形成，成为某种行为的动机。购买行为也是如此。当人们受到身体内部缺少某种物质的刺激，或是受到因比较工作、学习、生活或社会条件而感到不满足等外部因素的刺激，就产生了精神上的不安（或紧张感），想采取行动消除这种不安。如果消除不安的行动指向某种商品，购买欲望就产生了，随后形成购买动机。购买动机一旦形成，人们会产生一定的行为方向，即购买目标。购买目标的确定将使人们的需要进一步明确化、具体化。在一般情况下，人们总是千方百计地要使购买目标付诸购买行动，最后满足需要。购买目标越明确、具体，最终决策越迅速。

购买目标能否顺利实现，还影响着消费者后来的购买决策。购买决策的顺利

实现，会使消费者在满足这种需要的基础上产生新的、更高级的需要，形成新的购买目标，循环上升，不断发展。但是在各类殡葬消费中，殡葬消费动机不同，导致了消费心理与习惯不同。

2. 个人经验影响消费者对购买方案的选择

消费者的个人经验是以往自身感官的感受，由此形成对某种购买对象的知觉，它常常左右着消费者的购买决策。消费者在商品知觉基础上的个人经验，是购买决策方案形成的重要影响因素。消费者的个人经验通过以下几方面表现出来，并影响决策过程。

（1）爱好

人都有爱好，随着阅历的增长，爱好会逐渐增加。有"形态爱好"，如喜爱摄影、旅游；也有"机能爱好"，如喜欢听音乐、读书。但爱好本身很难成为购买行为的直接动机，它只能影响购买动机的形成。由于人们在感知需要的基础上，总是按照自己的爱好去选择购买对象。因此，爱好是比较稳定的因素，它对最终购买决策的选择具有决定性的影响。

在早期的殡葬活动中，逝者的妆容、衣着、灵堂、礼厅的布置、骨灰盒、墓地的形制均有基本一致的规格。但改革开放后，有着不同情趣和志趣的个人，越来越重视存在于其身上的稳定的指向性。这使得在居室布置、衣服穿着、美食品位、书画雕刻等方面各有情趣的个人，在灵堂、礼厅、骨灰盒、墓地等上面力求表现不同的特征。在殡葬用品购买上，也就体现出兴趣不同造成的差异。

（2）个性

消费者的个性体现着一个人的素质，它是能力、性格、气质、文化、信仰的综合体现。人的个性是长期形成的，具有相对稳定性。个性完全不同的消费者，往往对购买方案的选择也截然不同。有的人追求时尚新奇，有的人则喜欢随大流，这显然代表了不同的个性。

个人气质对殡葬消费的影响，表现在购买行为的对应关系上。气质指人在心理活动中的动力和内、外倾特点。一般认为：胆汁质的个人，易于冲动，对销售人员要求高，而自己的忍耐性差；多血质者，因活泼、热血、话多，便于售货员沟通，易于取得帮助，但目标易于改变，难做取舍；粘液质的人内向，购买时态度认真，独立挑选，动作缓慢；抑郁气质的人，遇事多疑，在购买商品时反复挑选，动作迟缓。性格决定人对现实的态度和与之相应的习惯化的行为方式。性格的不同，使人在殡葬消费时因理智与情绪、外倾与内倾、独立与顺从、审美与经济等差异，而产生很大的差别。人完成某项活动的能力因人而异。在殡葬消费中购买商品和服务，尤其是购买平素不熟悉和不用的殡葬服务、墓地，以及寿服、骨灰盒等殡葬用品等，能反映其个性和能力。

（3）自我形象

在商品购买决策过程中，消费者的购买动机、购买目标和购买行为常常受到消费者自尊需要的影响。一般来说，人们总是到符合自己身份的商店去购买符合自我形象的商品。在殡葬活动中，家属往往选择与自己身份相匹配的殡葬机构。

（4）对某种商品的购买经验

消费者在做出购买决策之前，对商品会有种种顾虑，如是否安全、是否合算、是否有社会舆论影响。这些都是消费者主观的购买风险预感。风险越小，消费者的购买决策越顺利。

总之，个人的购买经验越丰富，购买决策越顺利，决策过程也越简便。对经常购买的商品，可以省略收集信息和方案比较等决策阶段；而对不常购买的商品，决策过程较为复杂。故个人经验直接影响着决策过程。

四、影响消费者购买决策过程的外部因素

1. 家庭对购买决策过程的影响

家庭是最基本的消费者群体，它对消费者的个性爱好、生活习惯等均有着极为深刻的影响，其作用是不可低估的。家庭的规模、经济状况、文化等因素，直接影响消费者的购买决策。但同时购买决策与消费者所处的家庭地位关系也很大，家庭地位不同的消费者在消费过程的不同阶段起作用。家庭购买角色分为倡议者、影响者、决策者、购买者、使用者等。倡议者是家庭购买决策的发起人，直接影响购买决策的认知需要；影响者是为家庭购买决策提供各种信息和评比购买方案的发言人，在寻求购买方案、比较选择购买方案的阶段起作用，直接影响购买目标的建立；决策者是家庭购买决策的最终决断人，他对家庭购买决策的拍板定案具有决定性的作用；购买者是家庭购买决策的执行者；使用者不仅是商品的使用者，而且是购买决策正确与否的评论人，影响着购买决策过程的用后评价阶段。

家庭成员在购买决策过程中充当的角色不同，或充当其中之一，或同时充当几个角色，因而在不同商品的购买决策中，不同家庭成员的作用不尽相同。但

是，家庭购买决策反映了家庭共同的价值观念、生活方式、经济状况和家庭的人际关系。随着社会经济生活的变化，家庭中的购买角色有这样一些特点：发出倡议者往往是接受社会影响较多的人，而决策也不是一个人说了算，在很多情况下决策是协商的结果；虽然影响者发挥主要作用，但使用者、购买者的意见也不可低估。

在殡葬消费过程中，消费决策多由殡葬活动费用的主要承担者决断，或是亲属共同决定，这就需要考虑到消费主体的消费心理。此外，家庭的购买决策还受个人的年龄、婚姻、经济状况的影响。年长、已婚、个人经济收入占家庭经济收入比重大的人，受家庭其他成员的影响小，在家庭购买决策过程中起的作用大；相反，年龄小、未婚、没有收入的家庭成员，则受家庭影响大，在家庭购买决策过程中所起的作用小。但随着时代的变化，这些情况也发生了一些改变。

2. 参考群体对购买决策过程的影响

"人以群分，物以类聚"，具有类似性格、习惯和价值观念的人，容易相处。除家庭以外，还有许多参考群体对购买决策过程有着直接或间接的影响。

（1）亲友

亲友是与消费者关系较为密切的参考群体，他们往往站在客观的角度，为消费者提供购买商品的信息，或帮助消费者评价购买方案。一般消费者都将亲友视为最可信赖的参考群体。这个群体对消费者购买决策过程中的确定需要、寻找方案、评价和选择购买方案等几个阶段都具有重要的影响。

（2）周围好友

消费者的同事、同学、邻居和好友等，一般对消费者的购买决策总要品评一番，其直接影响着消费者的购买决策。这个群体对消费者决策的用后评价和重复购买的影响极大。

（3）社会组织

社会团体、专业组织一般是思想较为一致的社会群体，他们在对某些商品的购买决策上意见比较一致，因而互相影响。例如，摄影协会的成员就影响着成员之间对照相机、变焦镜头的购买决策。不过，这个群体对消费者购买决策的影响范围较小。

（4）专家名人

专家名人是消费者崇拜的对象，这个群体具有权威性和参照性，容易引起消费者注意，影响着消费者购买决策过程中的认知需要及购买方案评估等几个阶段。

3. 消费指导者对购买决策过程的影响

消费者在购买商品的决策过程中，总要为自己的决策方案寻找依据。通过各种大众传播媒介，消费者能够了解到商品的性质、价格、出售地点、出售方式等多方面的信息，但购买决策的最终选择很少以大众传播媒介为依据，而往往要征询自己充分信赖的消费指导者的意见。

4. 文化对购买决策过程的影响

文化是人类社会历史实践过程中所创造的物质财富和精神财富的总和。它包括人类所创造的，体现人类与其所在环境相互间关系的物质、精神、社会、知识和美学等方面的一切东西。由于人们所处的文化环境，以及包括民族、籍贯、宗教、年龄、性别、职业、社会阶层在内的亚文化环境的不同，因此形成了不同的习惯、爱好、生活方式、风俗、审美观念和价值观念。人们的文化素养大多形成于后天教育，又是长期受熏陶的结果，因此比较牢固，对人的行为影响极大。

不同的风俗、爱好、习惯，产生于不同的民族、历史、地理环境，受物质丰富程度和接受教育程度的深刻影响。中国是拥有56个民族的多民族国家，各地区、各民族经过长期发展，形成了饮食、服饰、居住、婚丧、节日、礼仪等方面的诸多特色。由于地理区域不同，南方和北方、城市和农村、沿海和内地、山区和平原的居民，具有不同的生活方式、爱好和饮食习惯。

5. 其他因素对购买决策过程的影响

不同的国家、地区的社会规范、价值观念也使消费者做出不同的购买决策。受政治、经济、社会的影响，不同国家、地区往往会有不同的价值观念和社会规范。例如，欧美一些国家崇尚个性、强调个人，因此消费者做出购买决策时追求个性张扬、与众不同；亚洲国家注重民族文化传统，在做出购买决策时往往追求民族性。

不同的宗教、民族、语言也影响着消费者的购买决策。各国家、各地区以及各民族有不同的宗教信仰和语言，这是文化差异的重要表现。一些宗教有严格的教规、教义，对吃、穿、用有明确的规定、禁忌，且有特定的宗教节日、活动，形成了特有的生活习惯与方式。另外，语言、文字也对消费者的购买决策有影响。

第六节　常见的殡葬消费心理

 一、常见殡葬消费心理类型

1. 求实心理

消费者普遍存在的心理是希望自己花钱买到的商品能够物有所值、物超所值。因此，只有商品价值与购买成本达到或超过在消费者心中的商品价值认定标准，消费者才会购买。在求实心理诱导下的购买动机具有图廉性和求实性，在殡葬消费中的表现大多是选择性价比较高的丧葬服务。求实心理支配下的购买行为具有节约性和实用性的特点。

那么，如何在不提高经营成本或尽可能少提高经营成本的同时，提升商品价值并降低消费者的购买成本呢？一个最好的方法就是增加消费者对商品的心理价值筹码。事实上，一件商品的价值不完全是由其物理属性决定的，更多的是由消费者的心理因素决定的，不管这个商品实际价值是多少，关键要看消费者心中对这个商品的价值认知是多少。

尤其是在殡葬服务活动中，心理消费的特征尤为明显，不论是服务产品还是实物产品，让消费者享受消费过程，体会附加价值，获得心灵补偿，才能增强消费者对企业的信任与好感。

2. 从众心理

从众心理即个人受到外界人群行为的影响，而在自己的知觉、判断、认识上表现出符合公众舆论或多数人行为方式的心理。一般来说，群体成员的行为通常具有跟从群体的倾向。当他发现自己的行为和意见与群体不一致，或与群体中大多数人有分歧时，会感受到一种压力，这促使他趋向于与群体相一致。在殡葬过程中常表现为跟着主流人群的喜好进行消费，如对殡葬场所的选择、殡葬商品的选择，消费者通常会选择与大多数人相同的消费模式。

3. 求尊心理

从心理学的角度来说，渴望受到重视是一种很普遍的、人人都有的心理需求。尤其是消费者，更加看重销售人员对自己是否足够重视与尊重。

在殡葬服务过程中，能否站在消费者的立场上为消费者着想，是决定销售能否成功的重要因素。在服务的过程中，给予消费者心理上的抚慰，倾听消费者的想法，同时从消费者的表达或肢体动作中了解消费者的心理，从而实现有效沟通，是给消费者提供更好的消费体验的方法。

4. 求美心理

消费者在讲究实用性、精打细算的同时，也会注重殡仪服务场所的造型美、色彩美等环境的作用，以便达到经济实用和精神享受的双赢目的。恰当地运用和组合色彩，调整环境的色彩关系，对形成特定的氛围空间能起到积极的作用。因此，当前很多殡仪馆和墓地都特别重视色彩因素对消费者的视觉传达，从而为消费者提供新颖的、更加个性化的环境布置和仪式。

殡葬场所可以利用色彩增强消费者对产品的记忆力，利用色彩增加产品的附加值，运用色彩引起消费者的情感共鸣等。同时，消费环境也会改变消费者的消费体验，音乐、气味、温度都能从一定程度上改善消费者的体验。如在墓园中播放能够舒缓情绪的音乐；在环境中加入薰衣草香能够安抚家属的情绪；气温在20℃～22℃时让人感觉最为舒适。

5. 攀比与炫耀心理

由于殡葬消费的社会特点，导致在殡葬消费过程中，很多消费者为了虚荣产生了攀比心理，以展现家族或自身成就。

在炫耀心理诱导下的购买动机具有求荣性，在殡葬活动中其常常表现为选择更加昂贵的丧葬服务。炫耀心理支配下的购买行为具有虚荣性、攀比性的特点。

6. 求异心理

有些人消费时喜欢追求与众不同、标新立异的效果。这种消费有时可以推动新工艺和新产品的出现，但展示个性要考虑社会的认可，还要考虑代价。为显示与众不同而过分标新立异，是不值得提倡的。在殡葬活动中，从业人员可以根据客户的需求提供合理化建议与策划方案，既满足消费者需要，又符合殡葬文化的实际应用。

消费者购买心理、购买动机和购买行为存在着不可分割的内在联系。购买心理是购买动机的驱使器，当消费者具备购买条件时，便产生了购买行为。每一次购买行为的发生，不仅仅是一种购买心理诱导的结果，通常表现为几种购买心理的综合支配。实践证明，消费心理是实现社会商品购买力的一种强大的、客观的心理作用力。如何把握这些心理，更好地将其运用到殡葬活动之中，则是企业和从业人员需要不断研究的课题。

二、常见殡葬消费心理产生的原因

1. 对逝者的补偿心理

通过举办一些活动（如告别会、追思会等），集合亲朋好友，缅怀逝者的恩德与关怀，怀念逝者的高尚情操，可以以此安慰自身，宣泄悲痛的心理。大多数家属无法接受亲人离世的事实，想让亲人体面地走完最后一程，也有一些人把殡葬活动的隆重看成是诚意的标志，直接导致其在殡葬消费过程中存在从众与盲目的购买行为。

2. 在朋辈群体中的虚荣心理

殡葬消费是消费者的社会行为的一种，有很多消费者把这种消费作为社会交往的一种投资，需要在他人面前体现出孝道、家族文化、经济实力等。这些需要通过殡葬活动来达到的社交目的，影响了消费者的消费行为。有一些消费者出于表现自己的财富、地位、能力等目的，盲目追求隆丧厚葬，都是一种虚荣的心理。

3. 对当前殡葬文化的认可及传承心理

家属在殡葬活动中的消费行为，表明家属认可在当前形势下的殡葬文化与习俗，甚至有传承的意义在其中。家属在殡葬活动中的消费给后代做出了示范，即无形地传承了当时历史时期下的殡葬文化。

三、树立正确的消费观

（一）引导消费者树立正确的殡葬消费观

正确认识和理解殡葬消费的文化属性，对我们现实工作的重要意义在于，它可以帮助我们在今后的殡葬改革和宣传中，更加明确地倡导人们开展注重社会文化体验的殡葬活动，并不断创新；可以指导我们在殡葬设施、场所、环境、用品等的设计、建造、生产时，更加注重其中的文化含量，增加文化积淀。这有利于丰富和发展现代殡葬文化，有效地引导人们进行理性的殡葬消费，

1. 正确引导丧属的情感需求

诚信经营是对丧属最大的心理抚慰。绝大多数殡葬服务机构能够坚持诚信经营，落实"善待逝者，慰藉生者"的服务理念，取得了很好的社会效益。殡葬服务机构的经济增长要建立在诚信基础之上，充分尊重丧属的情感和意愿，而不是抓住丧属尽孝道、讲排场的心理，无原则地诱导丧属购买高端的服务和商品，甚至以次充好，推销假冒伪劣的商品。

2. 增强社工工作对殡葬消费心理的影响

殡葬消费心理的特殊性在于情感的宣泄，而不是理智的选择。对于丧属而言，理智地进行殡葬消费并不是件容易的事情，这取决于殡葬服务机构是否提供了有效的心理抚慰和服务，取决于丧属本人是否有较高的文化素质和修养。此外，社工工作在殡葬消费领域的深度介入也有助于丧属进行理性消费。

3. 建设现代的、人文的殡葬文化

建设现代的、人文的殡葬文化，目的在于传承文化、服务百姓、构建和谐的环境。孔子曰："言之无文，行而不远。"要从文化的角度来重构和规范多元化的服务，来适应殡葬消费的特点和规律，来理性满足人们对殡葬消费的多元化需求。

4. 顺应时代发展，发展个性化服务

一个时代的文化的多层次导致了在阶段内消费的不平均和不平等。在目前的市场经济环境下，要求从业人员有了解政策、市场、服务对象及其需求的能力，无论在殡葬活动的哪一个具体环节，都能发挥人文关怀精神，运用大众化和个性化相结合的方式，不断适应新型消费群体的需求。

（二）在全社会树立文明节约的消费理念

一方面，现代殡葬消费是传统殡葬消费的继承和发展，对于一些常用的丧葬用品，人们往往选择习惯性消费。另一方面，随着我国进入快速发展的老龄化社会，殡葬消费理念也开始更多地展现出符合社会经济发展的时代特征，如很多人追求的隆丧厚葬越来越多地被厚养薄葬所代替，繁冗复杂的丧葬仪式越来越多地被简单但富有情怀的仪式所代替。

在建设社会主义现代化强国的征程上，需要大家共同努力将文明节俭的殡葬

消费理念纳入建设节约型社会的行动之中。新时代的殡葬改革,需要构建人与自然和谐共处的关系,倡导文明节俭的丧葬观念和低碳环保的殡葬消费理念,摒弃焚烧各类纸制殡葬用品的丧葬陋习,推行海葬、自然葬等生态葬法,保护环境,节约土地,移风易俗,文明创新。

同时,良好消费理念的形成还需要宏观环境的支持,包括推进相关立法,加大宣传力度,从严把控广告关,从源头上摒弃封建迷信思想,做好市场净化,营造科学、环保的殡葬消费氛围,为人们破除僵化禁锢的意识形态打下坚实的基础。

小 结

消费态度的形成与改变取决于消费者的需要、知识、经验以及社会文化。消费者的感觉、知觉、记忆、联想和思维都会对消费者的决策产生影响。

常见的殡葬消费心理主要有求实心理、从众心理、求尊心理、求美心理、攀比与炫耀心理、求异心理。

知识拓展

用《中华人民共和国民法典》解读"天价殡葬消费"

1. 不知情却"被消费"

这是指消费者办完丧事结账时才被告知接受了相关服务内容。根据《中华人民共和国民法典》的规定,有效的民事法律行为应具有真实意思表示,当事人的意思表示不一致的民事法律行为无效。合同当事人已开始实际履行,当事人既可以继续弥补订立合同手续,也可停止订立合同。一方或双方因接受履行而取得的财产应返还给对方,此外造成合同不成立有过错的一方赔偿对方的经济损失。也就是说,消费者因并未选择购买服务的真实意思表示,该部分合同自始不成立,消费者也无需承担相应的支付义务。

2. 捆绑消费

这是指部分商家在必要的停尸、清洗、搬运等服务中捆绑销售高价鲜花、寿衣、挽联等,若消费者不购买则不予提供服务;或强迫消费者购买"一条龙服务",否则就在各环节阻挠,并以各种不吉利的说辞让消费者难堪而不得不购买额外的殡葬用品。《中华人民共和国民法典》第一百五十条规定,一方或者第三人以胁迫手段,使对方在违背真实意思的情况下实施的民事法律行为,受胁迫方有权请求人民法院或者仲裁机构予以撤销。因此，若殡葬商家以必要的服务为胁迫手段，使消费者在违背真实意思的情况下订立消费合同，消费者有权请求法院或仲裁机构撤销合同。

思考练习

1. 不同岗位的殡葬从业人员，如殡仪服务员和墓地管理员，需要掌握的消费心理一样吗？

2. 对特定销售环境下的强制消费行为，你有哪些看法？

3. 殡葬从业人员的个人销售行为，能否影响家属的消费行为？

第七章
殡葬心理与文化传承

本章课件

学习目标

了解家祭、族祭、公祭的内涵及过程，深入思考家祭、族祭、公祭等的殡葬心理所带来的文化传承的意义；掌握家祭、族祭、公祭与生命教育、家族传承以及家国情怀之间的关系。

第一节　家祭心理

一、家祭概述

祭祀是殡葬礼仪的组成部分，是民众向民间神祇祈求福佑、驱避灾祸和祭奠逝者的一种仪式制度。自古以来，在人们的日常生活和社会实践中有着重要的地位，成为民众敬仰先祖、怀念逝者的重要形式。而融会在祭祀中的崇敬与感恩的情感充分体现了"视死如生、事亡如存"的殡葬文化精髓。家庭祭祀由于地域和文化的差异表现为不同形式。一种是以家庭为空间，在家庭范围内由家庭成员作为参与者进行的祭拜祖先、怀念逝者的一种仪式，即在家中设置祖宗灵位，或在自家重要的日子和民间传统节日加以祭祀。如东北农村很多家庭主要的祭祀是在除夕晚饭前后在家中进行，而浙江宁波则在正月初一，在祖先遗像前点着香烛，供陈汤团、糕、饼、水果，家人依次跪拜。另外一种是以家庭为单位，在传统节日到亲人墓前的祭奠。如清明时节的祭祖，祭祖时要给祖先修整坟墓，供上祭品，焚烧纸钱，举行祭祀仪式表达对祖先的怀念，并汇报自身的感想和收获。

现今社会随着网络的发展，网上祭扫也逐步推行。尤其是在特殊时期，网上祭扫使因各种原因无法到达现场的人能够达成心愿，满足了人们祭祀祖先、缅怀先人的心理。无论哪种祭祀形式，家庭范围内的祭祀活动都是与普通大众的日常生活关系最为密切的，能够充分满足人们追慕先人的心理，体现出传统文化的民众性和殡葬文化的生活性。

家庭祭祀在民间有着深厚的基础，从古至今家庭祭祀始终是每个家庭中非常重大的事件，体现家庭成员对逝去先人的追思和敬仰，担负着凝聚家庭成员、家庭代际生命传承教育的功能。

二、家祭体现的殡葬心理

家庭祭祀一般在逝去亲人的生辰、忌日或清明节等特定日子举行。祭祀时家中摆放逝者的遗像，遗像前摆放祭品，家庭成员以三炷香或三杯酒供奉，以示后辈对逝去亲人的怀念。也可以举家到逝者墓前，选择殡仪服务单位提供的特色祭奠服务，表达对逝者的缅怀。家庭祭祀可以看作是殡葬活动的延续，主要体现了以下几个方面的殡葬心理。

1. 家庭成员的认同心理

家祭是以家庭为单位，怀念祖先、祭奠逝者的重要活动，更是民众生活的重要组成部分。家庭祭祀中，无论是在家中按照祭祀程序，家庭成员在祖先的牌位或画像前摆上祭品、点燃香烛、跪拜磕头或鞠躬行礼，还是在逝者墓前祭祀，都是一种家庭内部的集体行为，强化了家庭间的内部认同感和归属感。家庭成员的向心力和凝聚力在一次次的祭祀仪式中被强调和深化，血缘关系的重要性在这时重新得以强调和显示。家庭通过祭祀可以实现家庭成员的归属认同，每一位家庭成员各安其位，从而达到使家庭成员长幼有序、家庭结构稳固的目的。

2. 敬顺孝道心理

家庭祭祀中的一切行为均体现了儒家文化强调的敬顺和孝道。中国人相信"身体发肤，受之父母"，报答的方式是在父母生时恭顺、逝后祭祀。通过家庭祭祀仪式将孝道渗入个体、家庭、社会中，从而实现孝道的教育功能。通过祭祀促使家庭成员追忆祖德，感念父母的养育之恩，感念逝者的培育之情，在心中形成对先人"恩泽"的追思和感谢，培养仁孝之心，逐渐形成尊敬长辈、感怀祖先、心有孝德的品质。

3. 追思缅怀心理

祭祀心理是丧葬延续的心理表现。无论是传统的在家中祭祀还是墓前特色祭奠，对逝者的追思和缅怀始终都是家祭的主旋律。从家庭祭祀中的祭品准备就能够充分体现对逝者的缅怀、对逝去长辈的孝道。如根据逝者的喜好精心准备祭品。若逝者爱吃鱼，则准备鱼；逝者喜欢肉类，则准备肉类；逝者喜爱鲜花，则准备逝者喜欢的花卉等。在家祭中虔诚敬献的每一柱香烛和每一支鲜花，都表现了对逝者的追思和缅怀。家祭中家庭成员把自己取得的成绩和收获向逝去的亲人汇报，诉说自己对亲人的想念，实现了生者和逝者的沟通，释放了缅怀和思念的情绪。

4. 忏悔心理

家庭祭祀时，也存在活着的人对逝者进行忏悔的心理。忏悔心理的产生主要源于几个方面。一是认为自己没有照顾好逝去的亲人。二是家庭生活中不可避免地会产生矛盾，但是当矛盾没有解决而一方已经亡故后，原有的矛盾、怨恨随着时光的流逝而淡化，原有的亲情、思念逐渐复苏，从而对以往的争吵和怨怼感到悔恨。三是在家庭中有能力对弱势方提供关照而没有提供，当弱势方故去后，心中感到遗憾和忏悔。

三、家祭心理与生命教育

家庭祭祀充分体现了民众重视本源、重视血统。无论家祭形式如何变化，祭祀与传承都是其本色。家庭祭祀主要内容就是追忆祖先，主要是追忆祖先的功德和事迹，以及追思逝者等。通过祭祀会追忆祖宗的功德、父母的养育之恩，民众能够受到教化、践行孝道，充分体现了慎终追远、民德归厚、视死如生、事亡如存的生命教育的内涵。家祭也实现了后人与逝者的沟通和精神的交融，使追思缅怀的殡葬心理得到充分体现。

随着社会的发展与人们对祭祀理解和感悟的加深，家祭的形式也在发生变化。既有传统的在家中按程序的祭祀，又有网络上以家庭为单位的线上祭祀，当家祭中家庭成员的祭祀由单纯地祭祀祖先与逝去的亲人，变为祭祀一切具有贡献性的历史人物的时候，家庭祭祀的局限性就被突破，进而"家文化"与"国家意识"开始融合，家庭"感恩"意识与"反馈"意识觉醒，家祭也由"各为其祖"向"家国情怀"发展，祭祀主体变得更为宽泛，殡葬祭祀心理的感悟更加深厚。

第二节 族祭心理

一、族祭概述

所谓家族，是一种以血缘关系为基础，由多个家庭组成的社会群体单位。中国社会有祖先崇拜的传统，而体现祖先崇拜的重要方式就是以家族为单位而进行的祭祀活动。聚全族之人祭祀祖先，一是可以祈求祖先对家族的庇佑；二是可以表达全族人对同一祖先的认同和缅怀；三是可增强族内成员的凝聚力；四是可以显示家族的力量，提升家族的社会地位。通过祭祀，活着的后代与去世的祖先得以连接起来，使家族成员产生一种全体的认同，增强家族成员的团结，增加家族的吸引力。

二、族祭体现的殡葬心理

在中国传统社会里，家族是传统农业社会的经济生活与社会生活的核心，能让其成员获得家族意义的一体感、归宿感、荣辱感、责任感（忠诚感）及安全感。在东南沿海很多地区注重家族意义，重修祠堂及进行家族祭祀，增强家族的社会影响力。受其影响，北方有的地区也编制族谱、修建祠堂进行族祭。在今天，家族祠堂已成为人们追思先祖艰辛、发思古之幽情的旅游资源。家族祭祀主要体现以下几方面的殡葬心理。

1. 追慕祖先的心理

家族祭祀经过漫长的历史岁月，到今天在形式上发生了很多变化，在执行方面也不如以前那么严格。但是家族祭祀的本质意义没有发生改变，纪念祖先仍然是进行祭祀的主要原因。族祭是建立在祖先崇拜基础上的一种活动，这种活动又是加强祖先崇拜的一种很重要的手段和仪式。祭祖的意义是慎终追远，慎重地办理丧事，虔诚地祭祀远代祖先，表现出对家族世代传承的祈盼。因此，聚全族祭祀祖先时要严肃、隆重、恭敬、诚挚。家族成员通过参与家族祭祀，能够传承自身血脉，增加对祖先的尊敬和追慕。

随着时代的发展，家族模式发生了很大变化。但无论是古代还是当下，族祭中祭祀祖先仍是其最重要的内容。如现今的贵州庹氏家族祭祀、福建廖氏家族祭祀、兴宁陈氏家族祭祀、东安叶氏家族祭祀等，祭祖大典都是其祭祀的主要内容。

2. 家族团聚的心理

家族祭祀的仪式隆重、礼仪烦琐，是家族的大典，也是族人团聚的象征。通过祭祀，活着的后代与逝去的祖先联系一起，与祖先的对话使参与祭祀的家族成员对自身血缘有同一性的自觉。家族祭祀时祭祀的对象是从始祖到父辈，相应的家族直系子孙基本参加。通过这样的家族活动，平时不常相见的家族成员团聚一堂，从而加强家族亲人之间的联系。家族祭祀又为现代人提供了与家族成员交流的机会，可为自身事业和生活的发展寻求助力，因而祭祀会使参加成员产生一种全体认同感、身份的归属感和对家族的归宿心理。

3. 寻求安定的心理

对于现代人来说，家族祭祀的意义不仅仅是强化家族成员之间的关系，更重要的是给现今高度紧张的生活减压，带来心理上的安定感。当人们从四面八方回到家乡，回到祠堂中祖宗和先辈的牌位前，故乡就绝不仅仅是在心理上的一个点，而是其精神上的家园。平时为了生计而奔忙在各地的人们，在祭祖的日子回到故乡，能够相互交流与沟通，相互安慰与激励，对家族有了更多的认识，有了更强的认同感。家族由心中的概念变为具体的群体，家族成员由单一的个体变为凝聚的团体，所以家族祭祀具有使家族成员心理安定的作用。

4. 提升家族社会地位的心理

家族祭祀在我国社会祭祀中有着悠久的历史，在中国历史上豪门氏族不仅仅是有着相同血缘关系的成员组成的族群，更是在国家发展、社会管理中起着非常重要的作用。随着当代中国社会的发展，家族逐步解体，家族的规模和影响力及其对家族成员的约束力都在弱化。近十年来，东南沿海宗族祠堂很多都已重修，公共祭祀的规模逐步扩大。一些著名家族的祭祀参加人数多在几百人甚至千人以上，祭祀程序严密，祭祀仪式隆重，引起社会各界的关注。这些大家族举行的祭祀活动，往往能够引起社会媒体的广泛关注，有助于提升家族的社会影响力和话语权，从而提高家族成员的社会地位，使成员对家族有着更多的认同感和自豪感。

三、族祭心理与家族传承

家族祭祀在中国历史悠久，通过在祭祀中追思祖先、缅怀逝者，增强了家族的凝聚力和向心力。祭祖仪式，不仅仅表达了对祖先的敬重、怀念，更加强了同宗内部的感情，增强了凝聚力。特别是祠堂中的家族祭礼，它是以家族成员的共同祖先为中心，在以小家庭为主体组成的社会中，重新在人们心中加重"家族"的观念，使个体不仅仅知道自己的家庭，更要通过祭祀祖先，理解他的生命本源，同时理解他的家族，对家族有归属感和认同感。祠堂中的祖先，如果是历史上杰出的、对社会有贡献的著名人物，那么认识杰出的祖先，便是认识这个家族、这个地域的历史，使家族成员心中产生自豪感。因此，现代家族祠堂的重建和家族祭祀活动的进行，成功地在现代社会流动与分散的状态下使家族的意识得到加强和认同。同时人们在祭祀时思量先人的为人品行，回顾他们的在世功劳，并感谢他们的养育之恩，以此来表达对先人的怀念；通过家族祭祖，实现对生者的心灵洗礼，把孝亲敬老、爱幼尽责的传统伦理亲情延续下来，以此来使家族优秀文化更好地传承下去，达到不忘祖先、不忘根本的目的。

第三节　公祭心理

一、公祭概述

公祭自古有之，指政府机构或社会团体为向英灵、逝者表示致敬、缅怀、哀悼所举行的祭奠。公祭祭祀的类型，一是逝者为社会或国家做出卓越贡献，在民众中有着广泛的影响力，去世后人们为哀悼和缅怀逝者而举行的祭祀；二是指国家为了纪念历史上曾经发生的重大民族灾难、为国捐躯的先烈和受难的人而进行的公祭，这类公祭又分为灾难事件发生后的公祭和每年在灾难事件发生日的公祭两种。这种公祭已经成为一种国际惯例。第二次世界大战后许多国家相继设立了国家公祭日，祭奠和悼念在战争中牺牲的军人与民众。由此可见，公祭是"国家"的，也是"人民"的，是全社会人民的传统和记忆。

二、公祭体现的殡葬心理

公祭心理主要表现为民众通过公祭的形式来抒发自身对逝者的尊重与怀念，对灾难事件受难者的哀悼和追思，获得一种心理认同，激发尊重生命、珍惜生活的心理。

1. 尊重与怀念逝者

由政府机构和社会团体所举行的公祭自古就有。如北宋时期的官员胡则为官四十载，清正爱民，受到百姓的爱戴，他去世后民众立庙祭祀他，香火不断。再如1976年1月8日，敬爱的周恩来总理在北京溘然长逝，全国陷入一片悲痛之中。1月11日，周恩来总理出殡，在寒冷的冬天里北京城万人空巷，不分男女老幼，人们自发地沿长安街站立、等候，送敬爱的周总理最后一程。周恩来总理为国家、为百姓"鞠躬尽瘁，死而后已"的光辉形象深深铭刻在人民心中。

2. 哀悼和追思逝者，抚慰幸存者

大规模灾难发生后，对灾难遇难者进行公祭，表达的是对遇难者的哀悼和追思。如2008年5月12日四川汶川大地震发生后，国务院决定2008年5月19日至21日为全国哀悼日，全国停止一切娱乐活动。在此期间，全国和各驻外机构下半旗志哀，停止一切公共娱乐活动，外交部和我国驻外使领馆设立吊唁簿。5月19日14时28分起，全国人民默哀3分钟，此时汽车、火车、舰船鸣笛，防空警报鸣响，追思地震遇难者。

哀悼日和公祭仪式对灾难幸存者有着积极的抚慰甚至修复作用。公祭仪式的群体性、众人的集体哀悼减轻了幸存者个体的痛苦，共同的哀悼意味着丧亲不是个人的事情，而是集体的事情，会使幸存者感到没有被抛弃，还有很多人和自己在一起。正如一位心理工作者所述："公祭日和公祭场所，使灾难后的人们有一条正常宣泄的渠道，对受到灾难创伤的人群的远期心理治疗是大有好处的。"每年的5月12日，四川灾区群众都举行公祭活动，悼念逝者，寄托哀思。一位汶川地震幸存者曾说："在地震中我失去了亲人和朋友，这一天成为我心中无法愈合的伤口。但是每一年这一天都有很多很多人陪伴我悼念追思，给了我很大的支持，让我感到不是我一个人面对这个日子。"

3. 获得政治认同、民族认同、文化认同

公祭与族祭相比，更多地传输与国家意识形态相一致的社会主流意识形态，是唤醒人的心灵、内化人的道德情感的重要实践活动。特别是国家公祭日的确立，将民众个体与国家民族紧密结合。国家公祭日通过隆重的公祭程序和形式将民众的观念和情绪唤起，将历史与当下、个体与群体紧密联系在一起，隆重的形式、哀伤的氛围能够催生出一种强烈的政治认同感，把国家意志与个人意志相互

融合，使民众与国家的事务更加贴近，给民众提供了一种爱国的情感诉求和参与国家平台的渠道，使民众产生一种对国家的归属感和社会安全感，同时获得政治认同感和民族文化认同感。

公祭仪式的举行，在告慰烈士、缅怀逝者的同时，也显示出中国经济实力、科技实力、国防实力、综合国力进入世界前列，使社会成员的民族认同感和民族自豪感得到强化和提升。

4. 尊重生命，珍惜生活

国家公祭日体现的是对民众的尊重，是对生命的敬畏。而以国家公祭日的形式祭奠，表明国家的意志、信念和情感，正与普通人的情感相融，体现了政治文明的进步。无论是祭祀在战争中被屠杀的生命，还是悼念因自然灾害而丧生的生灵。国家公祭的举行，让社会民众深深体会到个体生命的珍贵，体会到国家、社会对生命的尊重和保护，体会到生活在和平年代、生活在现代中国的幸福，体会到在巨大自然灾害和无情的战争发生时健康安全的幸运，从而在今后更加爱护环境、尊重生命、珍惜生活，时刻保有一份对大自然、对生命的敬畏和尊重。

三、公祭心理与国家情怀

自古至今，我国举行过的公祭事件主要有以下几个：

一是祭拜黄帝。中华民族祭祀黄帝有着悠久的历史和传统。轩辕黄帝开历史之先河，创中华之文化，被奉为中华民族始祖。从黄帝逝世起，中华大地就开始了举国祭祀黄帝的活动。现有最早的公祭活动是在春秋时期。据《史记·封禅书》记载，周威烈王四年（前422年），秦灵公作吴阳上畤，祭黄帝；作下畤，祭炎帝。汉武帝定祭拜黄帝为国祭，以后历朝历代，举国以郊祭、庙祭、陵祭等形式，举行规模宏大、庄严隆重的祭祀活动，并有一套严格、规范的祭拜礼仪。黄帝祭典（新郑黄帝拜祖祭典）于2008年被国务院定为国家级非物质文化遗产。

二是祭孔。孔子生于公元前551年9月28日，卒于公元前479年4月11日。祭孔是中华民族为了尊崇与怀念至圣先师孔子而形成的举国祭拜活动。祭孔活动可追溯到公元前478年，鲁哀公将孔子故宅辟为寿堂祭祀孔子，孔子故居成为世界上第一座孔庙。汉高祖刘邦过鲁，以"太牢"祭祀孔子，开历代帝王祭孔之先河。孔庙逐渐演变成祭祀孔子的礼制庙宇，是中华文明的显著标志。中国周边如越南、朝鲜、日本等国家和地区也兴建了许多礼制孔庙。随着孔子思想的对外传播和华人的外移，在欧洲、美洲和亚洲的其他国家也出现了许多孔庙。祭孔在中国已经存在两千多年。2006年5月20日，山东省曲阜市申报的祭孔大典经国务院批准列入第一批国家级非物质文化遗产代表性项目名录。祭孔的隆重祀典，是世界祭祀史、人类文化史上的一个奇迹。

三是对灾难历史的记忆。第二次世界大战结束后，主要参战国政府纷纷推出国家级的祭奠日（哀悼日），以国家公祭的形式来祭奠在惨案中死难的国民，增强现代人对国家遭受战争灾难历史的记忆，长鸣警钟。如波兰建立奥斯维辛集中营大屠杀纪念馆、美国建立珍珠港事件纪念馆、俄罗斯建立卫国战争纪念馆等，每年都举行国家公祭活动，纪念和哀悼在战争中牺牲的烈士和民众，不忘历史，警醒后人。2014年2月27日，我国第十二届全国人大常委会第七次会议全票通过，确定12月13日为南京大屠杀死难者国家公祭日，以纪念日本侵华期间被日本屠杀的三十万中国同胞。

四是对因重大自然灾害和疫病而逝去的生命的缅怀。我国幅员辽阔，地质条件复杂，人口众多，自然灾害和疫病经常对民众造成重大伤害。为缅怀因重大自然灾害和疫病而逝去的生命，国家会举行不同形式的祭祀活动，以国家公祭的形式祭奠逝去的生命，使人民在灾害后珍惜生命、热爱生活。如2008年5月19日为哀悼汶川大地震中逝去的生命举行的公祭活动体现了国家对生命的尊重，对逝者的哀悼。

公祭不仅仅是通过祭祀的一系列程序完成对逝者的悼念与缅怀，更是让民众在公祭中感受历史、感受文化、感受国家社会的发展，使公祭与家国情怀紧密结合。

首先公祭具有历史教育功能。公祭日有提供社会记忆和历史教育的作用。爱国主义教育离不开历史教育，只有铭记历史，认清历史，了解国家一路走来的艰辛、遇到的困难和挫折，才会产生发自内心的爱国情怀。公祭日作为一种爱国主义教育的有效载体和传播社会价值观的主要形式，具有增强广大群众历史感、使命感的功能。南京大屠杀是民族的悲怆，国家公祭日将社会各界聚集在一起，以沉重的心情缅怀逝者。这绝不只是宣誓，还要让人们记住落后必亡的训诫，提醒我们每一个人，中国人是一个整体，避免历史悲剧的重演是每一位中国人共同的责任与义务。

以国家名义进行正式纪念与公祭，其世界意义在于促使人类历史记忆长久保持唤醒状态，共同以史为鉴、开创未来，一起维护世界和平及正义良知，促进共同发展和时代进步。

其次公祭具有文化教育功能。公祭日传承的是国家主流文化，是一种以传统优秀文化熏陶人的活动，其生动的文化素材是爱国主义教育所需要的核心。公祭仪式的庄重、肃穆、隆重，促使人们成为更有素质、修养的人。因此公祭日也具有价值整合功能，有化解社会信仰缺失、凝聚文化的认同感、筑牢共同文化信念的作用。国家公祭日的设立，是缅怀过去，更是抚慰民心、顺应民意的措施。同时，国家公祭日的设立，也是中国与世界更好的沟通，在向全世界传递中华民族对人权和文明的态度，在向全世界表达我们热爱和平、维护和平的决心与责任。就如欧洲一年一度纪念奥斯威辛集中营死难者一样，南京大屠杀死难者国家公祭日不仅是中国的，也是全世界的。反对战争，珍爱和平，是全球人民的共识。

最后，公祭强化了民族认同感。如河南黄帝故里拜祖大典，当祭祀仪式通过"轩辕黄帝"这个象征符号获得文化意义的同时，也为所有通过电视卫星联结的全球华人提供了一个认同的空间，使他们感受到了"同根同源"所带来的归属感、群体感和亲近感。在文化意义上，"轩辕黄帝"已经成为全球华人的情感认同、价值认同的文化标志，成为构建民族自我身份的重要纽带。如南京大屠杀死难者国家公祭日将国民聚集在一起，以沉重的心情缅怀逝者，不是在宣泄情绪，不是在倡导民族复仇，而是在提醒所有民众，避免历史悲剧的重演是每一个民众的责任和义务，让人们更加深刻地体会到国家存在的目的和价值，体会到国家强大的必要性。家国从来都是一体的，公祭心理与家国情怀紧密相随。

小 结

家祭、族祭、公祭仪式所体现的殡葬心理内涵归纳起来主要有以下三点：

一是展现出对祖先、家族以及某些社会成员的崇敬之情，体现出家国情怀；

二是将一个国家、一个民族伟大的人文情怀和人道主义精神淋漓尽致地呈现出来，以利于生成强烈的民族认同感；

三是能够对社会群体进行生命教育，让后辈铭记历史，不忘初心。

知识拓展

1. 族祭

族祭是指聚全族人祭祀祖先，表达全族人对同一祖先的认同和缅怀，增强族内成员的凝聚力。族祭主要体现了追慕祖先的心理、家族归宿的心理、寻求心里安定心理、提升家族社会地位心理。随着社会的变迁，家族祭祀已经逐渐减少，甚至在许多地方完全消失。但现如今由于人们对传统文化的认同和寻根文化的兴起，很多大的家族逐渐恢复家族祭祀，并把家族祭祀和时代发展紧密结合。现代家族祭祀成功地在现代社会状态下使家族的意识得到加强和获得认同。

2. 我国现有的纪念活动

全国哀悼日：是出现灾难性事件或重要人物逝世时，国家设立的用来寄托哀思的全国范围的哀悼日。21世纪，我国在四川汶川地震、青海玉树地震、甘肃舟曲特大山洪泥石流发生后，以及李鹏总理逝世后举行了全国性的哀悼活动。

南京大屠杀死难者国家公祭日：定于每年的12月13日，是为了祭奠在南京大屠杀中死难的30万同胞而设立的公祭日。

烈士纪念日：定于每年的9月30日，是为了纪念、缅怀为国牺牲的英烈而设立的纪念日。

思考练习

1. 家祭体现了哪些殡葬心理？
2. 族祭体现了哪些殡葬心理？
3. 公祭体现了哪些殡葬心理？
4. 为什么说公祭是家国情怀的表现形式？

第八章 常用的心理辅导技术

本章课件

学习目标

学习心理学几大流派的心理治疗技术,了解和掌握心理辅导的原则、原理、方法、步骤和技巧,并在工作中不断实践以提升心理辅导的能力和水平。

第一节 精神分析治疗

精神分析治疗是奥地利学者弗洛伊德在对神经症的治疗实践中创立起来的一种心理治疗的理论和方法。它的产生和传播,不仅开创了现代心理治疗的先河,还对欧美文化和社会生活产生了极大的影响。

弗洛伊德认为,患者的心理疾病是他们早期的心理创伤所致,是自我运用一切力量协调本我和超我的冲突失败后产生的,如果领悟到心理障碍的潜意识根源,患者就能恢复自我的力量,重新平衡本我和超我,恢复心理健康。下面介绍弗洛伊德的几种重要治疗技术。

一、治疗技术

1. 自由联想

就是让患者自由地将所有的内心想法,包括可耻的、令人难堪的、痛苦的、非理性的,都不加审查地说出来,不做任何隐瞒。自由联想常与节制技术一同使用,即治疗者在向患者介绍了治疗过程之后,就应该更多地倾听患者有关内心世界的描述,尽量少发表自己的意见,这种技术就称为"节制"。

2. 释梦

弗洛伊德认为，梦是潜意识内容的象征性表达，具有给本我提供满足而又不至于对自我造成威胁的功能。释梦是自由联想的进一步延伸，鼓励患者说出往日所做的梦，找出梦的"弦外之音"，深入挖掘"潜台词"，以确定梦的真正含义。梦分为显梦、隐梦。人们醒来之后回忆的梦并非梦的过程，只不过是梦的表面，梦的过程隐藏在这一表面的背后。

梦的形成有两种方式：一方面是通常压抑的本能冲动（潜意识的欲望）在睡眠中达到了足以被自我感受到的程度；另一方面是清醒时遗留的内驱力在睡眠中得到了来自潜意识因素的强化。

3. 阻抗

阻抗是指患者抵制痛苦的治疗过程的各种力量，其中包括：安于现状，惧怕任何变化；害怕引起良心上的过分谴责；不肯放弃那些形成情感疾病的幼稚冲动。

在心理治疗中，患者的防御机制是造成阻抗的重要原因。弗洛伊德认识到，对潜意识内容进行解释固然重要，然而如果患者的防御拒绝承认这些潜意识内容，这些心理冲突就不能够整合在一起，很快又会遇到同样的防御而再次进入潜意识。为此，弗洛伊德提出了一个至今在分析治疗中仍十分重要的原则，称为"先于内容解释阻抗"或"表面地解释"。也就是治疗者首先要指出患者的阻抗，让患者注意到自己的阻抗，以后在适当的时机再探索为什么要采取阻抗，以及想防御的是什么。

4. 移情

移情是指患者在潜意识中把治疗者看成是自己过去某一重要人物（主要是父母）的再现或化身，把用于原型的情感和反应转移到治疗者身上。在治疗中，移情再现的是患者以往的人际关系。患者可以对治疗者表现积极的（温情的）态度，也可以表现消极的（敌对的）态度。前者被称为正移情，后者被称为负移情。

正移情会造成移情性治愈，即患者为了赢得治疗者的赞扬和喜爱，会做到他平时做不到的事情，消除症状，而把通过自我成长，真正恢复健康、摆脱病症的理性目标置之不顾。必须防止滥用这种情况，因为进行分析治疗的任务并不是按照治疗者自己的形象去塑造别人，如果这样做，就重犯了父母以自己的影响压制孩子独立性的错误，会用新的依赖性去替代患者早年的依赖性。治疗者的所有治疗和教育患者的尝试都应该充分尊重其独立人格。

移情的作用有两方面，一方面它具有无可替代的治疗价值，另一方面它又是重大危险的根源。因为，在消极移情占上风的情境中，治疗者将会发现患者在以前治疗中的进步，转眼间消失殆尽。显然，移情状态的危险性在于患者不理解移情是过去经验的反映，把移情作用当作新的现实经验。在这种情境中，治疗者的任务就是坚定地使患者摆脱危险的错觉，反复向他表明他自以为的现实的经验只不过是过去生活的反映。为避免使患者陷入不接受任何证据的状态，治疗者要当心不要使患者对治疗者的爱或恨达到极端。

5. 反移情

反移情是治疗者对患者的移情反应，是治疗者潜意识冲突的结果。在心理治疗过程中，这种"反向的移情"会扰乱治疗者的判断，影响治疗的正常进行。但是，如果治疗者善于处理自己的反移情，则可以把它作为治疗的最有力手段，来对患者的症状进行解释。所以，治疗者必须接受精神分析和督导，因为治疗者在成长中也会经历许多创伤，这些创伤会在潜意识里沉淀，精神分析和督导可以使沉淀的情感得以净化。这样在治疗过程中，在患者与治疗者双方的移情和反移情的相互作用中，治疗者才能够分辨出某种情感的来源，更清晰地了解患者潜意识里的活动及冲突。

6. 解释

解释是揭示思想和行为的潜意识含义的一种方法。更广义地讲，解释能够使患者用不同的方式看待自己的思想、行为、情感以及欲望。这种方法可以使患者从旧的认知事物的方框中解脱出来，它也是带来领悟的基本方法之一。

解释的原则是：第一，要在患者有接受解释的准备时再进行解释；第二，解释要根据患者以前的评论和描述进行；第三，要少量地解释。

在精神分析诞生以来的一百多年里，它的理论和技术都产生了很大的变化和发展，而且在其内部形成了许多的分支流派，但是这些分支流派都是在弗洛伊德所创立的经典精神分析的基础上形成和发展的，这里就不再作详细的介绍了。

二、精神分析治疗的应用

【案例】

孙爷爷是一位抗美援朝老兵，曾立下赫赫战功，但中年丧妻，儿子也因为一次意外离世。因孙爷爷年事已高,右腿在战争中炸伤而行动不便,社区便专门指派工作人员小张常年为孙爷爷运送生活物资,帮助孙爷爷处理生活所需。多年的相处,孙爷爷将小张当成自己的孙子看待,小张也因为爷爷早逝将孙爷爷视为自己的祖父,尽心竭力照顾孙爷爷。2021年5月8日,已经88岁的孙爷爷突发心脏病离开了人世,小张却因为一直奋战在疫情防控一线没来得及见上老人最后一面。孙爷爷丧事办理完毕后,小张一直处于极度自责、内疚中,认为是自己太忙无暇顾及造成了孙爷爷的离世。因情绪低落,小张在其后的工作中屡屡犯下低级错误。

治疗步骤主要有以下几个:第一,确定小张属于精神分析疗法中的反移情。第二,增强觉察,加强监督。第三,寻求督导,加强交流。第四,冷静面对,寻求转介。第五,定时休假,调整心态。

第二节 个人中心疗法

个人中心疗法也被翻译为患者中心疗法、来访者中心疗法,是由美国人本主义心理学家罗杰斯于20世纪40年代创立的一种心理治疗与咨询方法,目前已经成为心理治疗领域的主要流派之一。

个人中心疗法的基本假设是:只要给患者提供适当的心理环境和气氛,他们就能产生自我解释,改变对自己和他人的看法,产生自我导向行为,并最终达到心理健康的水平。这种基本假设,是建立在罗杰斯的人格理论基础上的。

一、个人中心疗法的核心

罗杰斯相信,通过让来访者在接纳而共情的气氛中自由坦率地谈话,个人成长与改变就会发生。治疗者无条件的积极关注、表里如一与恰当而共情的表达,构成了积极的个人成长与治愈的必要因素,是个人中心疗法的核心。以下三点构成了有效心理治疗的充分必要条件。

1. 表里如一

表里如一意味着真诚、真实、自然。但是,有助于治疗的表里如一始终以对来访者有益为目标,不等于过分坦白。如一位治疗者从一位来访者身上感受到性的吸引，或讨厌来访者的仪表举止，就不应该"表里如一"地告诉对方，因为这样做只会对治疗有害。

2. 无条件积极关注

无条件积极关注又称接纳或尊重。治疗者要像接受温和的、积极的情感反应一样去接受患者的敌意反应，努力营造一种有利于患者坦露自我的气氛，而不是让患者感到自己一无是处，必须按照对方认为好的方式去感受、思考和行动。治疗者的这种态度本身就起到了对患者的各种情感无条件接纳的作用。罗杰斯认为，无条件积极关注会帮助患者产生更为积极的自我观念。

3. 共情

罗杰斯认为，所谓共情是指仿佛身临其境地去感受患者的内心世界，但又不能丢弃"仿佛"，即能够真实地体验到另一个人现在或者过去的情感、想法和体验，这个过程必须运用自己的智力和情感构成来推断。因此，共情既是治疗过程，又是情感体验过程。治疗者感受患者目前体验的能力，是最初情感协调的关键，也是最终产生疗效的关键因素。

二、治疗过程

罗杰斯认为，心理治疗是有潜能的个体将已有的能力释放出来的过程，而不是让患者被动地熟练操作由治疗者提供的技巧。个人中心疗法的主要技术有以下几个。

1. 情感回应

治疗者接纳患者的情感，并通过重述的方式与患者交流对其所述内容的理解。

2. 情感阐明

随着患者对自我的探索不断深入，他们的思维和情感表达会出现混乱。这就要求治疗者整体地感受和注意，理解患者试图表达的内容，并帮助患者清晰地表达出自己的情感。

3. 治疗者的情感表达

治疗者作为真诚纯正的人，在恰当的时候应当对患者正在表达的内容作出反应。这些技术常可以减轻患者在治疗情境中的恐惧，帮助他们无防御地正视自我，让以前的否定情感显露出来，并开始接纳这些情感，将这些情感与自我建立联系，及时对自我作出总结。随着防御心理减弱，患者就会进一步地剖析自我，接受从前感到恐惧的情感，不依赖与别人的价值观念保持一致来获得安全感。随着治疗的进行，患者学会信任自己的感情和行为倾向，逐步接近真实的自我。

随着自我意识的不断觉醒，自我就会在更现实的水平上重组。随着自我的重组，行为会变得更适应、更少焦虑，能够更有效地驱动患者的自我实现倾向。

三、个人中心疗法的应用

【案例】

赵某雨是某大学建筑学院大三学生。她在学校表现非常出色，学习成绩优异，是校学生会主席，代表学校参加过多项建筑设计比赛并取得优异成绩。同时，赵某雨一直热衷公益事业，曾多次利用假期到山区支教。天有不测风云，2021年暑假，赵某雨跟随团队到贵州支教，为转移因泥石流受困的学生献出了自己年轻的生命，年仅23岁。赵某雨退休的母亲刘某在听到这个消息后一病不起，始终沉浸在悲伤中。家人看到此情况也一直安排刘某接受心理治疗，但效果并不明显。后来刘某得知女儿的好友又要去女儿牺牲的地方支教，在心理咨询师的建议下她想一块儿去看看。到了贵州，刘某在与当地纯真质朴、渴求知识的孩子的接触中发现了女儿和朋友都执着支教的原因，内心也得到释怀，决定一直留在当地完成女儿的遗愿。

治疗步骤主要有以下几个：第一，治疗者与刘某建立相互信任的关系。第二，帮助刘某理清思路。第三，引导刘某谈论自己情况。第四，刘某在他人的帮助下或在一定环境影响下，能够逐步克服自我与理想的不协调，能够接受当前的行为和情绪问题，达到自我治疗、自我成长的目的。

第三节　行为疗法

行为治疗是以学习理论为基础的一类心理治疗方法，即在患者与治疗师、家人等相关人员达成治疗联盟的前提下，应用学习原则来克服精神和心理障碍。行为治疗直接针对某一障碍的体征和症状（靶问题），特别强调目前存在的心理问题及其社会人际因素，不太注意过去因素对疾病的影响。首先对患者的病理心理及其有关功能障碍进行行为方面的确认检查，并对环境因素进行分析，然后确定操作性目标，制定干预措施，目的是改善患者的适应功能。行为治疗中，个人体验的各个方面均可以作为治疗的目标，如情感、社交关系、认知、想象，以及其他的心理生理指标。例如，行为矫正通过有步骤、有计划的教育方案，指导精神发育迟滞和孤独症患者学会自我料理和交往的一般技巧，可以减轻患者的残疾程度。

一、一般原则

在行为治疗中，患者需要有较强的求治动机，能够认识到接受这种方法能使其问题得到有效解决，并学会矫正自己的行为。治疗者的工作是帮助患者确定哪些自助技术需要学习，以便在每次会谈中布置一些家庭作业，让患者坚持每天练习以巩固新习得的行为。各种行为治疗方法均应遵循以下一些基本原则。

（一）循序渐进

要逐步给予一系列的练习作业，让患者在处理比较简单的问题中获得信心，最后有能力处理较复杂的问题。让患者既能认识到治疗的艰巨性，又能体验到成功的喜悦。

（二）行为分析

了解、监察症状和行为表现是行为治疗的一个重要部分。可以使用日记或量表评定的方式来记录何时出现症状及其行为类型（B），有何诱因及可能的促发因素（A），会出现何种后果及可能的强化因素（C）。这种对与事件有关的行为进行详细检查的方式称为"ABC行为分析法"。在治疗期间，日记和量表也作为疗效进展和重新考虑治疗方案的一种检查工具。

（三）实践或练习

将行为作业看成实验来实践完成。如果达到目的，说明治疗成功；没有达到目的，则意味着需要更多地了解和认识问题，考虑下一步的治疗方案。例如，行为暴露作业让患者进入会引起恐惧的场合并待在那里直至焦虑减轻，如果患者因过度焦虑而不能继续，说明这一场合导致的焦虑程度比估计的要高，应降低引起焦虑的等级。同时表明，还有一些引起焦虑的内容未被发掘出来，需要进一步了解有哪些潜在的因素存在。

二、常用的行为治疗方法

（一）系统脱敏

系统脱敏是由沃尔普所创立的采用深度肌肉放松技术拮抗条件性焦虑的方法，用于治疗焦虑者。沃尔普"系统脱敏法"实验步骤如下。

首先，将一只猫关进实验室的实验笼里，先响铃声，后电击它。这样次数多了，猫就会变得非常焦虑与恐惧。铃声、电击停止了，它的焦虑与恐惧始终不消失。这时喂它，猫拒绝进食。把它从实验笼中拿出来，放到实验室的任何地方，它依然焦虑不安拒绝进食。再把它放到相似的房间里，它仍然不食。

其次，实验的后半段是消除猫由于电击造成的焦虑与恐惧。猫饿了总是要进食的，这是支持它的一种积极力量。沃尔普先找一间与实验室完全不同的房间喂猫。因为环境完全改变了，猫稍安一些，经过犹豫逐渐恢复进食。接着，实验升级，把进食的地方移到一间与实验室相似的房间里。猫又开始焦虑不安，踌躇许久。它最终战胜了自己，继续进食。再接下来，又把进食的地方升级为那间实验室，但是远离实验笼。猫重返受伤害之地焦虑不安。然而，又经过一番犹豫猫战胜了自己的冲突，完成了进食。

最后，让进食位置越来越靠近实验笼乃至移到笼里，猫的进食仍然完成了。猫对实验室、实验笼的过敏反应，经过这样层层升级的适应性训练，终于几近完全地消除了。

系统脱敏首先要同患者一起制订一份导致焦虑的境遇登记表，然后在治疗中用习得的放松状态来抑制焦虑反应，这一过程又称为交互抑制。因此，系统脱敏包括了三个步骤：放松训练，制订等级脱敏表，两者的配合训练直至脱敏。

1. 放松训练

放松可以产生与焦虑反应相反的生理效应，如心率减慢、外周血流量增加、呼吸平缓、神经肌肉松弛等。在系统脱敏中最常用的是雅各布逊最先应用的渐进性放松训练，即让患者按照固定的顺序进行肌肉先紧张后放松的练习。通常由头面部开始，逐步放松。有些治疗师应用催眠帮助某些患者进行放松，也可配合录音磁带让患者自己练习放松。

2. 制订等级脱敏表

在这一步骤里，治疗师需要确定引起患者焦虑的所有诱因（即刺激源），并将这些诱发条件列出来，按照产生焦虑严重程度的顺序列一份包括 10～20 个有关场景的等级表。

3. 脱敏

脱敏过程是由轻到重一步一步进行的。让患者在深度放松的状态下，生动逼真地想象自己身临等级表上的场景，从而完成对接触这一组情境所致焦虑的脱敏。每一个场景的想象可能需要重复数次后才能使焦虑降到轻微水平，患者对现在给予的场景只有很轻微的焦虑时，再进入下一个场景的想象。当患者能够生动地想象身临等级表中诱发焦虑程度最重的场景时仍旧很镇静，他们在身临现实生活中的情境时就很少再发生焦虑。在治疗过程中，让患者实际进入一些在想象中已经克服恐惧的现实场景，会有助于治疗过程进一步深入。但是不应强迫患者过早地进入高焦虑场景，因为这样做可能会使患者产生更严重的恐怖状态，强化回避行为，失去已经取得的疗效。

系统脱敏适用于典型的恐怖症患者，还可以用于治疗许多行为障碍，如口吃、强迫症、心理生理障碍，以及某些性问题等。一般来说，如果能够确定引起焦虑的诱因，而这种焦虑又可引起适应不良性行为的话，就可以采用系统脱敏。

（二）暴露疗法

1. 满灌疗法

逃避诱发焦虑的境遇实际上是条件反射性地强化了焦虑，而焦虑症状不可能持续高水平地发展下去，它是波动变化的，即有一个开始、高峰和下降的过程。根据这些理论，满灌疗法是让患者处在能产生强烈焦虑的环境或想象之中，并保持相当时间，不允许逃避，直到心情平静和感到能自制为止，从而消除焦虑和预防条件性回避行为发生。其疗效取决于每次练习时患者是否能够坚持，不能坚持到底实际上就等于逃避治疗。

2. 逐级暴露

许多患者拒绝接受满灌疗法，而且它对不能耐受强烈焦虑反应的患者是禁止使用的，曾经有过冠状动脉血栓形成的患者在高焦虑情境下发生心律失常。对这些患者可采用逐级暴露法，由轻到重逐级进入引起焦虑反应的实际生活情境。它与满灌疗法不同，可避免突然发生强烈的焦虑反应；又不像系统脱敏，没有特别的放松训练；且治疗往往是在实际生活环境中进行的，而非想象训练。

3. 参与示范

参与示范是让患者通过模仿，即观察他人的行为和行为后果来学习。研究发现，儿童回避小动物或者害怕登高，是通过观察他人在这些情况下出现的恐惧表现和回避行为而后天习得的，因此可以用同样的方法来帮助患者克服恐怖和焦虑。如果儿童害怕狗，可以让他看一个与他年龄相仿、性别相同的儿童走近狗、抚摸狗、和狗一起玩耍，然后鼓励害怕狗的儿童按照同样的方式一步一步地做。改良的方法也可用于成人，可以是以一次长疗程治疗便告终，也可以制订等级表分几个疗程进行。为了预防症状反复，在等级表的后几项练习中需要延长间歇期并反复训练。

（三）厌恶疗法

厌恶疗法根据操作条件反射理论，如果在一种行为之后得到的是奖赏，那么这种行为在同样的环境条件下就会持续和反复出现。如果行为之后得到的是惩罚或者是根本没有反应，那么这种行为就会在同样的条件环境下减弱或不再出现。

在某一行为反应之后紧接着给予一个厌恶刺激（如电击、催吐、体罚等），最终会抑制和消除此行为。厌恶疗法常用于治疗烟酒依赖、用药成瘾、性欲倒错，以及其他冲动性或强迫性行为障碍。应该注意，给予的厌恶刺激必须足够使患者产生痛苦（不仅仅是生理上的，更重要的是心理上的），且持续时间要足够长，否则难以见效。

（四）阳性强化

所谓阳性强化，就是给患者一定的奖励来强化其适应性行为。常用的如代币法，一旦患者出现保持整洁、按时起居等适当的行为时，就可以获得一定数量可以代币的筹码，他可以用这些筹码来换取自己需要的东西或得到一些享受，如看电影或外出游玩等；如果患者出现了不良行为，如吵闹、损毁物品等，将被罚扣除或交出筹码。代币法不但可以用于长期住院的精神障碍患者，而且还可以用于急性精神障碍患者、精神发育迟滞、儿童孤独症，以及少年管教犯和罪犯的改造。

三、行为疗法的应用

【案例】

新入职的遗体防腐整容师小刘第一次跟随师父上岗就遇到了一具巨人观遗体。从业之初,虽然小刘已做好自我心理建设,但在面对如此真实的遗体时,小刘产生了恐惧、厌恶的心理,觉得自己即使清洗了许多遍手依旧充满了腐败气味,再也不想进入防腐整容间。

治疗步骤有以下几个:第一,对小刘异常行为进行功能性分析。进行这类分析时,特别注意小刘异常行为经常发生和很少发生的情境。第二,对小刘异常行为的严重程度进行标定。第三,异常行为矫正目标的制订——职业认同。第四,制订并实施干预计划,增加积极行为,减少消极行为。第五,监测干预计划的实施并根据情况进行调整。第六,结束阶段,一旦达成目标,即可逐步结束干预计划。第七,检验阶段,如有异常行为复发,可给予辅助性处理。

第四节 认知疗法

认知疗法是根据认知过程影响情感和行为的理论假设,通过认知和行为技术来改变患者的不良认知,从而使患者的情感和行为得到相应改变的一类心理治疗方法。不良认知是指歪曲的、不合理的、消极的信念或思想。在当代认知治疗领域,艾利斯的合理情绪疗法和贝克的认知疗法比较著名,下面分别进行介绍。

一、合理情绪疗法

合理情绪疗法是由艾利斯创立的,以强烈矫正患者的不合理信念、激励适应的合理的信念产生为目标,结合行为矫正技术来改变患者的行为和认知。它的理论基础是心理功能失调的"A—B—C 理论",这个理论假设心理失调并不是事件或生活境况直接引起的,而是由个体对它们的解释或评价所引起的。A 代表个体在环境中所感受到的刺激事件,B 代表个体认知领域的观念系统,C 代表个体在刺激作用下产生的情绪和行为上的后果。C 并不是 A 直接导致的,而是以 B

为中介所致。由于情绪来自思考，所以改变情绪或行为要从改变思考着手，既然是人们对事件的错误判断和解释造成了问题，那么人们也能够通过接受理性的思考，改变自己的不合理思考和自我挫败行为。合理情绪疗法就是促使患者认识到自己的不合理信念及这些信念的不良情绪后果，通过修正这些潜在的不合理信念，最终获得理性的生活哲学。

艾利斯将不合理信念归结为三大类：人们对自己、他人、周围环境和事物的不合理信念。这些不合理信念具有以下三个特征。

第一，要求绝对化，如"我必须考上名牌大学，否则我就毫无价值"。

第二，过度概括化，如一位男性被女友抛弃了，就认为再也不会有女孩子喜欢他了。

第三，糟糕透顶，当一个人做了一件没有达到自己满意标准的事情时，就认为会导致可怕的或灾难性的后果。

为了矫正患者的不合理信念，治疗者扮演一位积极的指导教师的角色，劝说、诱导患者对那些心理失调赖以存在的假设、推理、人生观进行反思。艾利斯指出，成功的治疗不仅改变人们处理问题的思维方式，也包括转变行为方式。为此，治疗者可给患者布置家庭作业，保证患者从事一些能加强合理人生观的行动。

二、贝克的认知疗法

(一) 理论基础

贝克的认知疗法是以他的认知模型和情绪障碍的认知模型为基础的。

1. 认知模型

贝克在人的认知系统中由表及里地区分出三个层次：自动思维、中间信念和核心信念（图8-1）。这三者在认知系统中支配作用的大小、发生改变的难易程度也是依次增加的，它们都会受到情境的影响，会不同程度地影响一个人对某种情境或刺激的情绪反应。

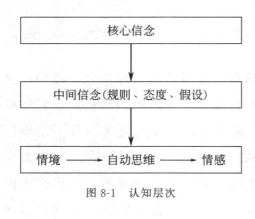

图 8-1　认知层次

(1) 自动思维

自动思维是非常简洁的，似乎是自发涌现的，可以以语词形式、视觉形式出现或两种形式同时出现。人们通常对自动思维信以为真而不加思考与评估。虽然有些自动思维是正确的，但还有很多是不正确的。

(2) 核心信念

核心信念是人们从童年开始形成的对自己、他人及世界的观念中的核心部分。通常人们不能清晰地表达，却根深蒂固地认为这些信念是绝对真实和正确的。核心信念是信念的最根本环节，它们是整体的、牢固的和被全面概括的。负面的核心信念本质上属于两个主要的范畴：一是与无助相关的信念，如"我不能胜任任何工作"；二是与认同相关的信念，如"我不会被任何人喜欢"。一般处于严重痛苦情绪的患者比其他人更容易表达他们的核心信念，如抑郁发作的患者经常感到自己是一个多余的人。

(3) 中间信念

中间信念是介于核心信念与自动思维之间的信念，核心信念影响着信念中间阶段的发展，中间信念包括态度、规则和假设。核心信念支配、影响中间信念。自动思维是中间信念的具体表现，是个体认知系统中最浅表的认知。

2. 情绪障碍的认知模型

贝克根据对抑郁症的临床观察和前人对情绪的认知研究，在 20 世纪 60 年代中期提出了情绪障碍的认知模型，在 20 世纪 70 年代中期进一步发展成一套认知治疗技术，旨在改变抑郁症患者的认知，取得了明显的成功。情绪障碍的认知模型包含两个层级，即浅层的负性自动想法和深层的功能失调性假设或图式。

深层的功能失调性假设或图式相当于上述所指的中间信念和核心信念。贝克认为，人们从儿童期开始通过生活经验建立起来的认知结构或图式，是一种比较稳定的心理特征。人们能根据图式指引新信息的加工，理解现实并作出判断，预测事件的发展，对客观现实赋予某种意义，形成对自己和世界的假设。人们倾向于选择与图式一致的信息，忽略无关的、不一致的信息。人们的有些假设或图式是僵硬的、极端的、消极的，当消极的期望与积极的现实相矛盾时，图式排斥与它不符的经验，常否定最近的经验去证实以前的信念，导致认知不协调。比如，如果一个人抱着自己不善于演讲这种消极的自我图式，那么即使听众对他的演讲报以热烈的掌声，他也不相信自己取得了成功；认为自己必须把所有的事情都做成功才有价值的人，可以出色地完成工作，但对失败和挫折过度敏感，一旦受挫很容易产生消极情绪反应；而那些认为被人珍爱才是幸福的人，在谈恋爱的过程中被异性拒绝后很容易发生抑郁反应。

贝克认为，抑郁患者早年形成的这种潜在的认知结构存在于潜意识内，是潜在的假设，通常不予表达，但它们支配人们的日常行为和处理事情的方式，使他们倾向于采取消极的评价和解释事件的方式，构成了抑郁的易患倾向，在抑郁症的发生发展中起决定性作用。临床上也将它们称为功能失调性态度。贝克把功能失调性假设进一步归为三类，即成就（需要成功、高的操作标准）、接纳（被人喜欢、被人爱）和控制（要左右事物的发展变化、要成为强者等）。

潜在功能失调性假设可为生活事件所激活，产生大量"负性自动想法"。负性自动想法具有以下一些特点。第一，是自动的，不经逻辑推理而突然显现在大脑里，不能由自己的意愿选择或排除。第二，内容消极，常和不良情绪相联系，患者却信以为真，不认识它正是痛苦情绪的原因。第三，随着时间、地点的变化而变化，能为意识所察觉，具有认知过程的特征，为临床表现的一部分。第四，存在于意识边缘，稍纵即逝。

负性自动想法导致了情绪障碍的症状，情绪障碍又使负性自动想法更加频繁和强烈，形成恶性循环。不同的心理障碍中，负性自动想法有不同的主题或特殊的认知内容。如抑郁症出现抑郁认知三联征，患者消极地看待自己的过去经验和未来（图 8-2）；焦虑症则以危险或威胁为其认知内容。

有两点需要强调：第一，抑郁、焦虑等情绪障碍患者的认识曲解和正常人并无本质的差异，只是他们认知曲解的程度更大，认识到这一点对治疗师与患者之间形成平等协作关系非常重要；第二，认知作为情绪反应的中介之一，在发生情绪障碍时起着激发、增强和维持情绪障碍症状的作用，对它们进行干预成为治疗的关键。但情绪障碍并不仅仅是负性想法引起的，而是个体特质、成长发育、心理、社会的素质性和诱发性因素相互作用的结果。

（二）基本技术

1. 识别自动性想法

自动性想法是介于外部事件与个体对事件的不良情绪反应之间的那些想法，大多数患者意识不到在不愉快情绪之前会存在着这些想法。在认知过程中患者首先要学会识别自动性想法，尤其是那些在愤怒、悲观和焦虑等负性情绪之前出现

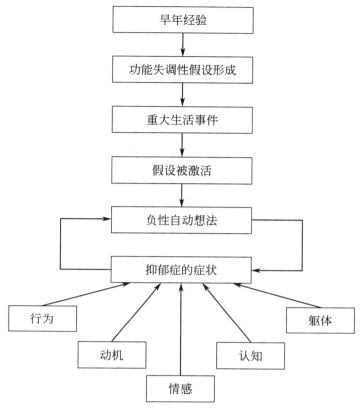

图 8-2 抑郁症的认知模型

的特殊想法。治疗师可以采用提问、指导患者想象或角色扮演来发掘和识别自动性想法。

2. 识别认知性错误

焦虑和抑郁患者往往采用消极的方式来看待和处理一切事物,他们的观点往往带有悲观色彩,与现实大相径庭。一般来说,患者特别容易犯概念性或抽象性错误。基本的认知性错误有任意推断、选择性概括、过度引申、夸大或缩小、"全或无"思维。大多数患者比较容易学会识别自动性想法,但识别认知性错误却相当困难。因此,为了识别认知性错误,治疗师应该听取和记录下患者诉说的自动性想法以及不同的情景和问题,然后要求患者归纳出一般规律,找出其共性,即认知性错误。

3. 现实性检验

识别认知性错误以后,接着治疗师鼓励患者将其自动性想法作为假设看待,同患者一起设计严格的现实性检验方案,检验这种假设。结果,患者能够发现,在95%以上的调查时间里,他的这些消极认知和信念是不符合实际的。

4. 摆脱注意

大多数抑郁和焦虑患者感到他们是他人注意的中心,他们的一言一行都受到他人的"评头论足"。如某一患者认为他的服装样式稍有改变,就会引起周围每一个人的注意和非难。治疗计划要求他不像以往那样衣着整洁地去散步、逛街,然后记录不良反应次数。结果他发现几乎很少有人会注意他。这样就会使患者逐渐摆脱自己是"注意中心"的观念。

5. 观察苦闷或焦虑水平

许多慢性焦虑患者往往认为他们的焦虑会一成不变地存在下去,但实际上焦虑的发生是被动的。一旦认识到焦虑有一个开始、高峰和消退的过程,人们就能够比较容易地控制焦虑情绪。因此,鼓励患者对自己的焦虑水平进行自我检测,促使患者认识焦虑波动的特点,增强抵抗焦虑的信心,是认知治疗的一项常用手段。

三、认知疗法的应用

【案例】

殡仪服务员小丁和小王同时进入鲜花组工作。小王性格开朗,为人随和,能够很快与师傅们打成一片。小丁则性格内向,为人敏感,容易钻牛角尖,平时也不与师傅们聊天、沟通。一天,小丁在插花过程中选错了逝者家属要求的花材,受到了组长的批评。小丁觉得组长是在针对他,认为组长和小王关系好,小王要是犯了同类错误,组长只会视而不见。小丁越想越生气,认为组长歧视他,便去找上级领导投诉。

治疗步骤有以下几个:第一,与小丁建立咨询关系,良好的咨询关系是进行心理治疗的重要因素;第二,确定咨询目标,咨询师与小丁之间就咨询目标应保持一致,达成共识;第三,确定问题,咨询师通过提问和自我审查技术引导小丁发现自己行为问题背后的不正确认知观念;第四,检验表层错误观念,小丁对自己的不适应行为进行直接和具体的解释;第五,纠正小丁的核心错误观念;第六,进一步改变小丁认知;第七,巩固新观念,推动小丁形成良好的人际交往能力,与同事互相信任。

第五节 家庭治疗

家庭治疗是指将家庭作为一个整体进行心理治疗，治疗者通过与某一家庭中全体成员有规律地接触与交流，促使家庭发生变化，并通过家庭成员影响患者，使之症状减轻或消除。

家庭治疗属于广义的集体心理治疗范畴，是在 20 世纪 50 年代从集体心理治疗中衍生出来的。20 世纪 60 年代中期，在英、美等西方国家，随着家庭结构的变化，家庭问题日益凸显。同时，家庭因素在人类心身健康中的作用越来越受到人们的重视，家庭治疗逐渐开展起来。对家庭治疗师的培训与有关研究也取得很大的进步，并形成了各种理论模式和治疗派别。现在，家庭治疗已经成为相当普通的治疗手段，普遍认为它对心理障碍的预防、治疗与康复都有很好的效果。我国由于传统文化的影响及客观条件的限制，常以家庭作为治疗和康复的重要环境，与国外相比，家庭成员对患者所负责任和所起作用要大得多，家庭治疗所能做出的贡献也必然更大。

一、常用的家庭治疗方法

（一）一般性家庭治疗

这是应用最多的一类方法。理论依据是普通常识性家庭心理学，方法是治疗者与患者和有关家属一起讨论他们当前存在的问题，并观察家庭成员间的交流方式，然后给予适当的解释和指导，帮助他们对家庭人际关系和交流方式作出适应性调整。治疗应该有计划、有步骤地进行，开始时每周一次，目的是找出问题，以后可以每隔 2~3 周一次，以便让他们有充分的时间在家庭实践中尝试，并检验实践的结果。

（二）动力性家庭治疗

这是基于心理分析理论的一类治疗方法。心理分析理论认为，家庭的当前问题源于每个家庭成员的以往经验，特别是患者父母的早年经验。治疗者的任务是帮助患者及其家属找出当前行为和个体以往经验的联系，并从中发掘治疗对象的无意识观念和情感。治疗者是分析性的而不是指导性的，治疗者应用心理分析的观点，分析和解释患者家庭中的现象，使他们得到体验性的改变。治疗者也应重视自己与各个家庭成员的关系。

（三）交流性和系统性家庭治疗

这是一种在国外较为常用的家庭治疗方法。治疗者把注意力集中于当前问题及其改变方法上，较少考虑各个家庭成员的早年经验。治疗者认为家庭问题的发生与家庭中"非文明"的规范、对由谁来制定规矩的意见分歧、家庭中的人际交流不良有关。治疗的任务是揭示这些家庭规矩，帮助他们共同改变这些规矩，改善和促进家庭成员间的交流。由于学派原因，在具体的治疗技术上不尽相同。有的治疗者的作用近似于教师，具体地指导治疗对象如何进行相互交流及如何改进交流。有的治疗者的作用相当于导演，不主张具体指导，而是加以适当的引导，让治疗对象在尝试和实践的过程中察觉并暴露那些阻碍成员交流的"非文明"的家庭规矩，学习健康的交流方法。这类规矩称为家庭结构，因而这类治疗也称为结构性家庭治疗。有的治疗者的主要任务是帮助家庭明确目标，采取积极的行为，这类治疗侧重于加强家庭内部的交流策略，因而又称为策略性家庭治疗。

（四）行为性家庭治疗

这一学派认为，家庭问题的发生是由于家庭成员持续的、不合适的、不明智的强化，使问题行为形成、巩固和加重；或者是良好的适应性行为因为没有得到家庭的鼓励，而不能建立或逐渐消退。治疗者的任务是帮助家庭成员共同确定哪些是他们欢迎的适应性行为，然后帮助他们形成合适的家庭强化系统。

二、治疗过程

不管运用何种治疗模式，家庭治疗都大致分为三个阶段。

（一）开始阶段

开始时应将家庭治疗的性质作简要的解释，说明互相要遵守的原则，以便使治疗工作顺利进行。治疗者在早期要重视与家庭建立良好的治疗关系，并共同寻找问题所在及改善方向。

（二）中间阶段

运用各种具体方法，协助各家庭成员练习改善个人状况及彼此间的关系。在这个阶段，最重要的是时刻去处理家庭对行为关系改变所产生的阻力，适当地调整家庭"系统"的变化与进展，以免有些成员变好时，相对地另一些成员却变得更坏，协助其平衡地发展。

（三）终结阶段

养成家庭成员能自行审察、改进家庭行为的能力与习惯，并维持已经修正的行为。治疗者应逐渐把家庭的领导权归还给家庭成员，恢复家庭的自然秩序，以便在治疗结束后，家庭仍能够维持良好的功能，并继续发展及成熟。

三、家庭疗法的应用

【案例】

小王大学毕业后从事销售行业，平时很少回家，母亲生病也只是匆匆回家扔下一些钱就返回了工作岗位。某天，舅舅突然给小王打电话告知其母亲已于3天前生病去世，小王赶回家时刚好赶上母亲的葬礼。在殡仪馆中，小王与父亲大吵一架，质疑父亲为什么不告诉自己母亲离世的消息，为什么不让自己见母亲最后一面。因为愤怒、愧疚，小王在母亲的葬礼上痛哭不止。半年后，小王依然不肯与自己的父亲说话，也不回家看望父亲。同时，小王一直情绪低落，夜不能寐，上班没有精神，出现疏忽导致公司亏损，被强令休假。

治疗步骤有以下几个：第一，明确小王的情感体验；第二，改变小王的不合理情绪，减少目前症状；第三，调解家庭成员关系；第四，自省审查；第五，帮助小王重构家庭关系。

第六节 意义疗法

维克多·弗兰克尔是一位奥地利的犹太裔脑神经科及心理医生，他所创建的存在心理治疗法被称为继弗洛伊德的心理分析及阿德勒的个体心理学之后的维也纳第三心理治疗学派。

弗兰克尔在心理学上的主要贡献是他靠自身体验创立的意义疗法。所谓意义疗法是指，协助治疗对象从生活中领悟自己生命的意义，进而面对现实，去努力追求和实现生命的意义，并在困境中积极乐观地生活下去。

一、理论简介

意义疗法基于这样一个前提：人类受寻求意义驱动。这是一种在生活中寻找意义的内在动力。意义疗法有以下基本原则。第一，无论在什么情况下生活都是有意义的，即使是最悲惨的生活。第二，我们生活的主要动力是我们拥有在生命中寻找到意义的意愿。第三，我们拥有自由去寻找意义，它可以存在于我们所做的事和我们的经历中。当我们面对不可改变的痛苦状况时，我们依然有自由去选择采用什么态度和方式来应对，这本身也就是一种意义。

人不能从自身去寻找生命的意义，而必须从外部世界去寻找。尤其在最黑暗的时候，人更应该寻找对自己有积极作用的人生意义，它可以来自对家人或对某一个人的爱，可以是人所向往的爱或者生活，可以是想要做的事情，也可以是一个政治理念、一种信仰，甚至是求生的愿望。

二、意义疗法的近代引用

（一）生命意义的定义

维克多·弗兰克尔没有对生命意义给出特定的定义，他认为每个人的意义是不同的。中外学者从不同的角度为它作了很多不同的定义，本书作者较认同个体的生命意义由以下三个元素组成。

1. 认知元素

它是在文化环境和个人构建基础上建立的，是对生活的合理性、目的性及重要性的认知。它和信仰及价值观有关。

2. 动力元素

生命意义包含着对有价值的生活目标的追求。它具有目的性和激励性，它受认知元素影响并反映在行动上。

3. 情绪元素

它同样受认知元素影响。人在追求的过程中获得积极感受和成就感，这些反过来又鼓励进一步的追求。

综合来说，个体的生命意义是在人们认知元素的影响下，选择行动的目的，设定生命目标，获得个人价值和成就感。

（二）意义中心疗法

意义疗法基本原则是意义中心疗法的基础。前者注重哲学和精神层面启发的方法；后者在前者基础上加以延伸和扩展，注重认知和心理治疗的方法。无论问题表现在认知、行为还是情感上，意义中心疗法认为它们与对生命意义的认识是有关的。它注重深刻了解现实存在的问题，建立一套可接受且可行的意义体系，去认识什么是人生有意义的事情。简单地说，它通常包括以下几个步骤。

第一，帮助来访者深刻了解他们的问题的原因。这里的重点是寻找他们的核心价值观、内心的信念、对现实的考虑以及他们内心的想法。

第二，帮助来访者建立一套积极的生活意义体系，并在此基础上建立可以实现的且有成效的生活。他们将学会去学习自身的价值，以及了解他们在生活中到底需要什么东西，并把他们的梦想、激励因素转变为具体的任务和生活的目标。

第三，为来访者提供必需的技巧来有效地处理生活中不同的问题。当人们遇到不能改变的现状，如苦难、孤独和焦虑时，意义中心疗法强调的是寻找内心资源，也就是乐观主义和精神需求，并以此来应对生活中的现实问题。

第四，提供社会认可。在帮助来访者实现意义的过程中，咨询师不仅要提供社会认可，同时还要鼓励来访者去建立有意义的人际关系。通过这些人际关系，来访者的成长也会得到另一个层面的认可。

在这个过程中，咨询师不仅仅是一个被动的聆听者和一个平等的解决问题的合作者。咨询师的角色应该类似于教练，为来访者提供技术帮助和鼓励。

（三）生命意义源

谈论生命意义，不可避免地就要考虑生命意义的来源，即生命意义源。

它涵盖了基本的生物需求和高层次的心理需求，其中包括：满足食物、住所和安全等基本需求；休闲活动或兴趣爱好；创造性工作；人际关系（家庭或朋友）；个人成就（教育或职业）；个人成长（智慧或成熟）；社会和政治活动；助人为乐；持久的价值观和理想（真理、善良、美好和正义）；传统和文化，包括文化遗产或民族文化组织；为子孙后代留下遗产和值得记忆的痕迹；宗教信仰；等等。

三、意义疗法的应用

【案例】

韩生学在《中国失独家庭调查》中写了NPO绿色生命组织理事长易解放的经历。2000年5月22日，易解放在日本留学的儿子在前往中央大学的途中遭遇车祸，英年早逝。易解放悲痛欲绝，万念俱灰，觉得生命突然变得毫无意义。她起初一直摆弄儿子的遗物，在泪水中度日。一天，她看到了儿子的红色记事本，里面记载着内蒙古沙漠化的详细资料。她想起和儿子生前的一次谈话，当时儿子谈到毕业后要去内蒙古沙漠植树以及想尽力阻止中国沙尘暴的愿望。儿子的愿望点燃了妈妈生命中新的希望，她从绝望中看到了生命的意义。

"白发人送黑发人"是人生的大悲之事。中年丧子的易解放和每一位普通的母亲一样，每一天都生活在失去爱子的痛苦中，度日如年。当她看到儿子留下的红色记事本的时候，在亲朋好友的支持和鼓励下，她找到了活下去的勇气——实现儿子沙漠植树的愿望。易解放辞掉了工作，在丈夫的陪伴下，在亲朋好友的支持下，成立了NPO绿色生命组织，全身心地投身到儿子生前所期望的植树治沙的公益事业中。她拿出了儿子的赔偿金和自己的积蓄，在炎热干旱的内蒙古通辽市库伦旗开始了植树造林。积蓄耗尽，捐款又不够，她便把房子卖掉继续干。苍天不负有心人，他们的故事终于从沙漠里传出，中日媒体广泛报道。2010年，他们提前3年完成了种植110万棵树木的承诺。易解放在日记中写道："孩子，谢谢你！你的存在，妈妈已经知足，因为你是上天恩赐的天使。天使终要归去，谢谢你！你的离去，妈妈已趋平静，因为在辽阔的内蒙古，总有生命替你活着！"

易解放把对孩子的爱都倾注在内蒙古葱绿的树林中，永远焕发着生命力。绿色的生命可以战胜黑色的死亡。即使在最绝望的深渊中，人也可以找到活下去的意义。从易解放的故事中我们可以看到，丧亲者在建立明确的新的生活意义后，便可以不被哀伤所吞噬，并可以活出一种新的有价值的生命，他们在助人的同时也在帮助自己。

四、"个人意义中心心理治疗"周课程提纲

第一课：意义源的概念——介绍和概括。

第二课：病症及其意义——症状诊断前后身体的变化。

第三课：往日生活的意义源——生命是一个不断变化的经历（过去、现在、未来）。

第四课：如何看待意义源——如何面对生命的局限性。

第五课：意义源的创造——将人的创造力和责任感投入生活。

第六课：体验生命意义源——把爱、大自然和幽默与生活联系起来。

第七课：转变——对未来的思考和期盼。

意义其实并不复杂。当你心存善良和满怀着爱来珍惜自己历经磨难的生命的时候，你的生活就是有意义的；当你心存善良和满怀着爱来看这个世界的时候，你的生活就是有意义的；当你心存善良和满怀着爱来感受这个世界的时候，你的生活就是有意义的；当你心存善良和满怀着爱为这个世界付出的时候，你的生命就是有意义的。无论你做到了以上四者中的一个、两个、三个还是全部，你的生活都是有意义的。因为只有善良和爱才能真正给人灵魂深处带来平和、宁静和无声的喜悦，使人看似平凡或不平凡的生活变得多姿多彩和充满意义。

小 结

殡葬心理辅导的重点在于三个方面。一是准确判别辅导对象的心理问题的成因、影响因素、表现形式和产生的后果，而这个过程不仅需要有专业的技术，更需要耐心和细致。二是针对辅导对象采取行之有效的辅导方式，使辅导方法与辅导对象的实际情况相匹配。也就是说，不是一种方法能对所有人有效，或是一个人适用于所有的方法。三是辅导者本身也不能辅导所有的辅导对象，要根据自身情况确定辅导对象，对于不适合的对象要及时进行转介，否则对人、对己都会产生不利影响。

知识拓展

悲伤辅导

从广义上看，悲伤辅导是指为因失去所依恋对象（人或物）而悲伤过度者提

供心理援助，协助他们在合理时间内重新开始正常生活的过程。如出国、调换工作单位、丢失了岗位、从权力位置上退居二线的人等，长时间无法适应这种变化的人需要专业的辅导。从狭义上看，悲伤辅导专指对因遭遇丧亲而形成病态悲伤或复杂悲伤之人，通过提供心理援助，帮助他们健康地完成悲伤任务，以增进其正常生活能力的过程。

所谓病态悲伤或复杂悲伤是指，丧亲者在丧亲后出现了延长的悲伤反应，或是延迟的悲伤反应，或是变形的悲伤反应，或是伪装的悲伤反应。延长的悲伤是指丧亲者的悲伤情绪持续超过六个月，难以接受死亡的事实，并一直希望逝者还活着。延迟的悲伤指丧亲者不愿意接受丧失亲人的事实，把自己埋没在工作和其他生活中，表现出较长时间的麻木和冷漠，以使自己不想念逝者。变形的悲伤指丧亲者感觉自己抑郁并容易流泪、难以入眠，有强烈的内疚和自责，或经历和逝者相似的症状。如逝者生前有胃痛的症状，居丧者可能会呻吟他有胃痛。无论是延长的悲伤、延迟的悲伤还是变形的悲伤，都是反常的悲伤，15%左右的丧亲者会发生这种病态的悲伤。体现在生理、认知、情绪和行为四个方面。

思考练习

1. 根据本章内容，思考哪一种心理辅导方法更适合自身，以及在现实工作中如何运用它。

2. 制订一个辅导方案或辅导流程。

参考文献

[1] 罗艳珠，王夫子，李雪峰.殡葬心理学概论［M］.北京：中央文献出版社，2007.

[2] 喻本伐.千年民俗文化［M］.北京：清华大学出版社，2016.

[3] 王宏阶，贺圣迪.殡葬心理学［M］.北京：中国社会出版社，2004.

[4] 王计生.事死如生［M］.上海：百家出版社，2002.

[5] 徐吉军.中国丧葬史［M］.南昌：江西高校出版社，1998.

[6] 彭庆涛，孟继新，刘岩.中国古代国家祭祀［M］.济南：泰山出版社，2016.

[7] 王夫子.殡葬文化学：死亡文化的全方位解读［M］.北京：中国社会出版社，1998.

[8] 路海东.社会心理学［M］.长春：东北师范大学出版社，2002.

[9] 张伯源.变态心理学［M］.北京：北京大学出版社，2005.

[10] 弗洛伊德.弗洛伊德心理哲学［M］.杨韶刚，等译.北京：九州出版社，2003.

[11] 彭聃龄.普通心理学［M］.北京：北京师范大学出版社，2012.

[12] 赵芳.中国古代丧葬［M］.北京：中国商业出版社，2015.

[13] 李伯森.中国殡葬事业发展报告（2014—2015）［M］.北京：社会科学文献出版社，2015.

[14] 王建平，刘新宪.哀伤理论与实务：丧子家庭心理疗愈［M］.北京：北京师范大学出版社，2019.

[15] 魏加登.殡葬中丧家心理及其后果分析［J］.社科纵横（新理论版），2010，25（1）：197-198.

[16] 贾晓明.灾难后丧葬仪式的心理修复功能［J］.神经损伤与功能重建，2010，5（4）：250-252.

[17] 高坚.试论公祭传播的社会功能——以"黄帝故里拜祖大典"为例［J］.东南传播，2009（10）：110-111.

[18] 潘晓慧.水族丧葬家祭文化的教育功能［J］.黔南民族师范学院学报，2010，30（4）：31-33.

[19] 谭绍玉.韩国社会重视祭祀文化的原因考察［J］.文教资料，2010（22）：81-82.

[20] 王善军.宋代的宗族祭祀和祖先崇拜［J］.世界宗教研究，1999（3）：114-124.